JN232079

独立・開業前に絶対知っておきたい

フリーランス1年目の教科書

フリーライター
飯野たから 著
税理士・社会保険労務士
上前 剛 監修

自由国民社

はしがき

最近、「働き方改革」という言葉をよく耳にします。働き方改革推進法（平成三〇年七月六日公布）に盛り込まれた高度プロフェッショナル制度など過重労働につながるという不安や批判がある一方で、正社員と非正規社員の労働条件の格差是正や社員の副業や兼業を原則容認する動きなど、労働者にとっても前向きの改革といえるものも少なくありません。働く人が自由に選択できて、よりよい仕事に就ける機会が増えるような改革であれば、これからもドシドシ進めてもらいたいものです。

そもそも終身雇用制がなくなった今日、転職や独立開業を視野に入れて会社勤めをしている会社員は多いと思います。もちろん、フリーランスとして独立開業する場合、十分かつ周到な準備をしなければ成功は見込めません。そのため在職中から、仕事のスキルアップ、人脈作りなど開業後の仕事の確保、開業資金集めをする人もいるはずです。ただ、仕事に関わる準備を余念なく進める人でも、退職して独立した場合、様々な事務や手続きがかなりの量で、その処理に翻弄されることを意外と知りません。

たとえば、会社に任せきりだった税金や年金、健康保険の支払いや手続きは、退職後はすべて自分ですることになります。また、貸与品返還や退職後の手続きに必要な書類の受取りなど、退職前の会社とのやりとりも思っている以上に面倒です。

本書は、会社員を卒業し、個人での独立開業を目指すフリーランス一年生が退職・独立するに当たり、必ずしなければならない役所の手続きや事務など知っておきたい知識や法令、トラブル対処法を、具体的な相談例でわかりやすく解説してあります。読み物として楽しみながら必要な知識を習得してもらおうと、独立開業を模索する人が、その悩みを「先生」に相談するという構成にしました。

本書が、これから退職し、フリーランスとして独立開業を目指す人の一助になれば幸いです。

最後に、本書の刊行にあたり、法令や行政手続きについて詳細にチェックをしてくださった税理士・社会保険労務士の上前剛先生、また筆の遅い著者を励まし続けてくれた自由国民社編集部の村上美千代氏に感謝いたします。

二〇一八年師走

飯野たから

『フリーランス1年目の教科書』目次

第2章・会社員がフリーランスになると、健康保険と年金も変わる　55

【知っておきたい健康保険と年金の手続き】

【年金の手続き】

第３章・フリーランスの税金について知っておこう　133

第4章・フリーランスで失敗しない「お金」について知っておこう　177

【退職でもらう「お金」、整理する「支出」】

※本書は、２０１８年12月１日現在の法制度情報に基づいています。

第1章

会社員がフリーランスになると、ここが変わる

退職・独立開業に必要な手続きとその準備

1・フリーランスになると、今まで会社がしてくれたすべての手続きを自分一人ですることになる

会社公認で副業をしていますが、予想以上に反響があり儲かるので、私（Aさん・40歳）は退職し、独立開業することにしました。上司にそれとなく相談すると、「会社の今の仕事の引き継ぎさえキチンとしてくれれば反対はしないよ」と言います。また、SNSで独立開業すると発信したら、従来の客や販路以外からも新規オファーが数多くきて、フリーランスになっても仕事の心配はなさそうです。できるだけ早く独立したいのですが、スムーズに会社を退職し、開業するためには、どんなことに注意したらいいですか。

最近では、社員の副業を認める会社も珍しくありません。副業社員の多くは会社に籍を置いたまま勤務外の時間を副業に充てますが、中にはAさんのように会社を辞め、独立開業する人もいます。もっとも、いくら副業で儲かっていても、フリーランスと

して成功できるかどうかはわかりません。少なくとも、事前の準備が不十分だと成功は見込めないでしょう。また、スムーズに退職したければ、会社や上司と退職時期や仕事の引き継ぎについて辞表（退職願）を出す前によく話し合うことです。

「事前の準備って、開業後の仕事の確保、開業資金、それから退職の申入れと会社の承認ですよね。それなら問題ありません。最初にお話ししたとおり、仕事は十分ありますし、上司の承諾も得ました。開業資金も十分用意できてます」。

「なるほど。だけど、今言ったことは、すべて仕事上の準備だよね」。

「仕事以外に、前もって準備をしとかなきゃいけないことってあるんですか」。

「おやおや？　やっぱり大事なこと忘れてるね。たとえば、税金、年金、健康保険。これまでは、会社が給料天引きで払ってくれてたけど、退職後はすべて自分ですることになる。支払いだけじゃなく、その切り替えの手続きもね」。

「あっ……！」

独立開業の相談や報告に来た知人にこう話すと、大概の人は絶句します。独立後の仕事については熱心に研究し、十分な準備をしていても、仕事以外の事務や手続きの

会社員は家族の手続きも会社がしてくれる

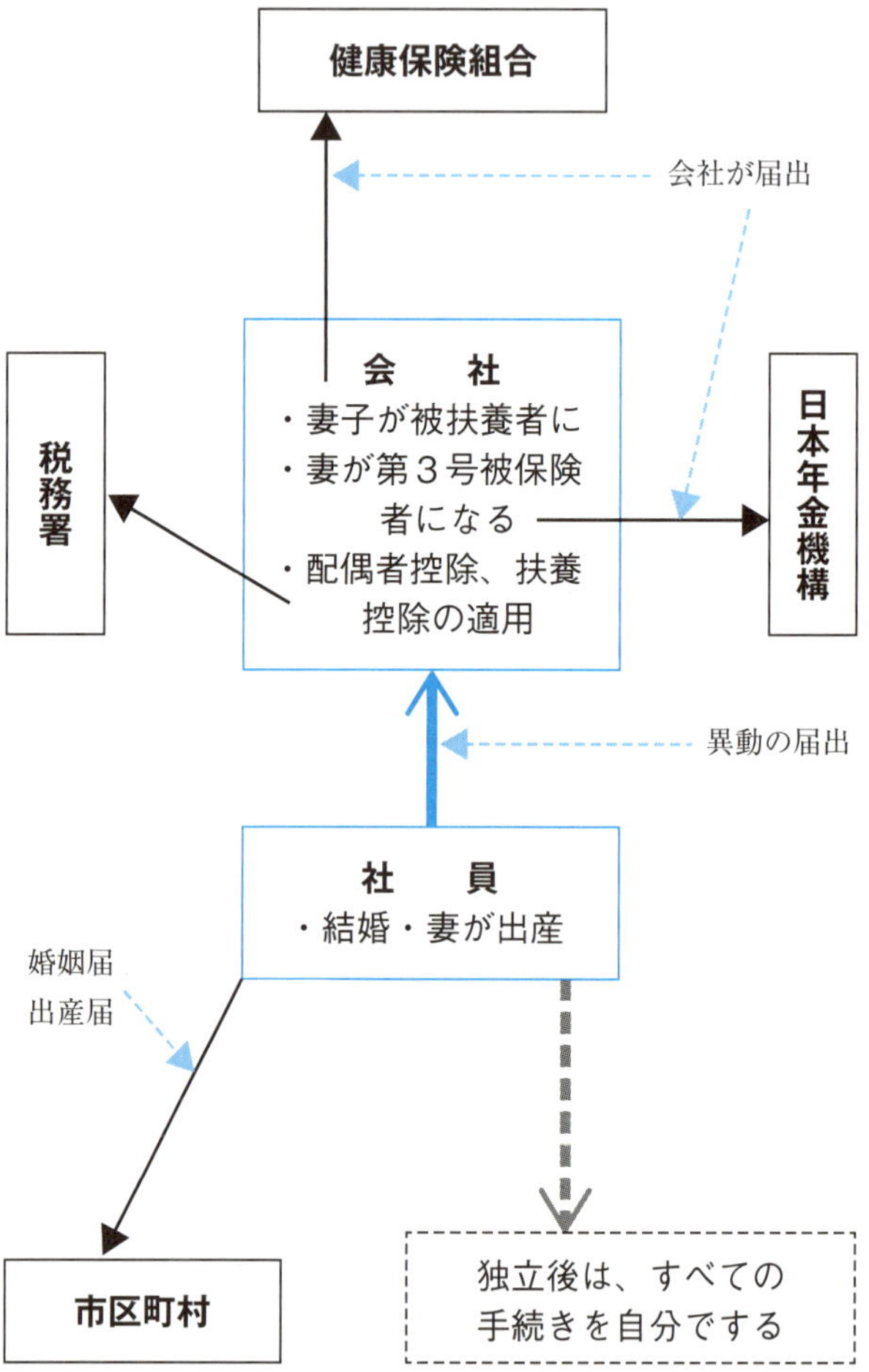

ことは、深く考えていないからでしょう。税金や年金、健康保険に関わる手続きは、結婚や出産などその家族関係に動きがあっても、婚姻届や出生届の提出といった戸籍関係の手続き以外、すべて会社がしてくれたからです（前頁図参照）。

しかし、フリーランスになると、会社員時代と違って、仕事以外の事務や手続きもすべて自分一人でしなければなりません。税金や年金、保険のことはほんの一例で、退職から開業までに済ませておきたい事務や手続きは意外に多いのです。仕事の引き継ぎや新事業の準備に追われ、それ以外の事務や手続きを怠らないでください。

「そんなに、いろいろあるんですか」。

「あるよ。たとえば、退職日までに、会社との間で返却や受取が必要な仕事以外の書類や物品の整理。返すものは社員証や制服、もらうのは退職開業後の各種届出に必要な年金手帳や退職証明書などだね。ほとんどの人は後回しにするけど、どれも意外に面倒で数も多いから、真っ先に準備を始めないと間に合わないよ」。

退職申出後から開業直後までに済ませたい事務手続きは意外に多いのですが（次頁図参照）、その手続きの大半は退職後あるいは開業後でないとできません。そのため、

開業までに必要な事務手続き（①～⑥）

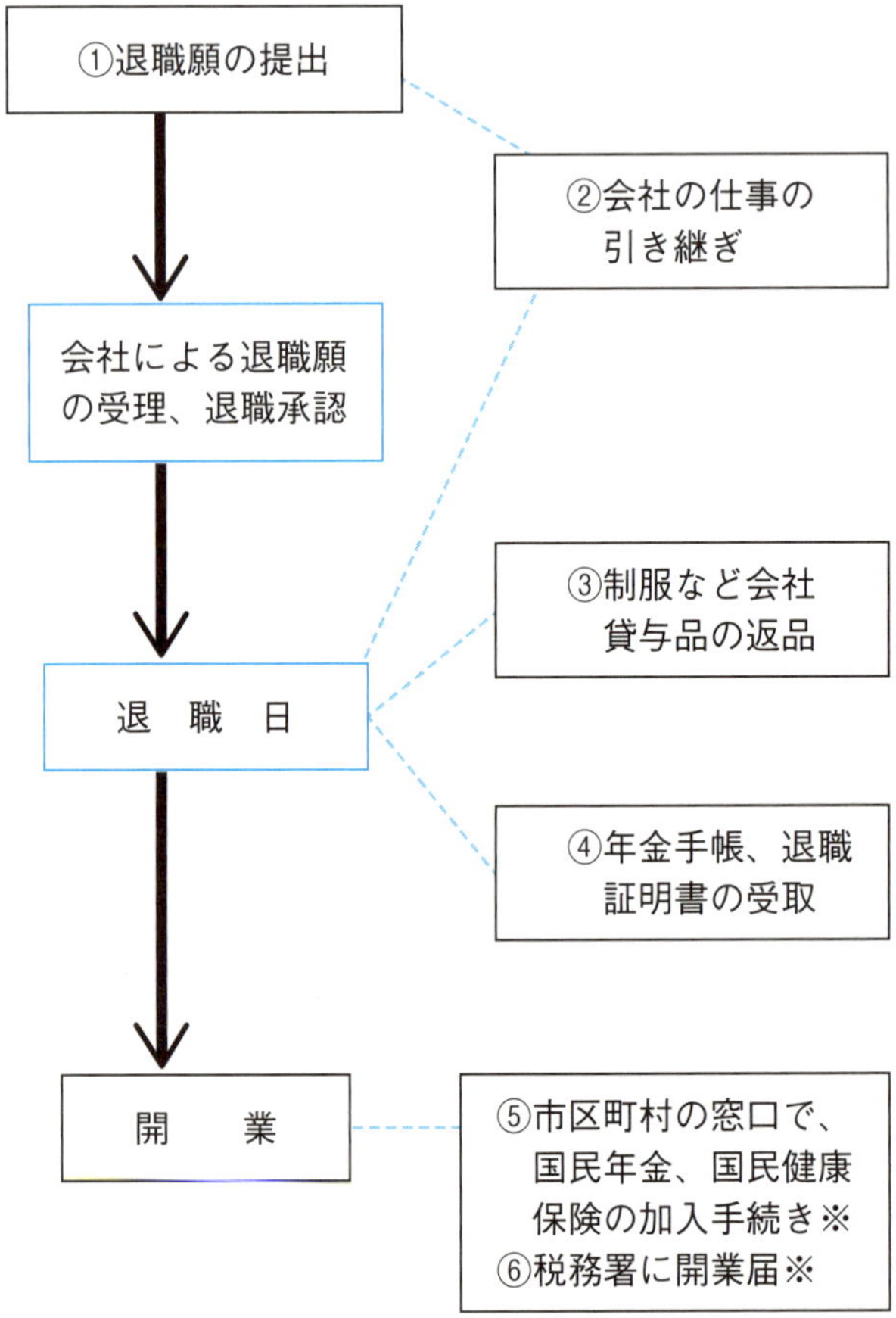

※退職日の翌日から14日以内
※開業から１か月以内

事前に準備できることが限られているのも事実で、後回しになりがちなのです。

「事前に準備できないんじゃ、どうしようもないじゃないですか」。

「それは違う。手続き自体は事前にできなくても、いつ、どんな手続きをしなきゃいけないかがわかれば、必要書類などは前もって準備することもできるからね」。

たとえば、退職証明書や給与の源泉徴収票は、開業後に、医療保険の加入手続きや確定申告の手続きに欠かせません。しかし、退職日にもらい忘れ、後から会社に請求しても、速やかに対応してくれるとは限らないのです。スムーズに開業するコツは、この事務手続きの準備を事前に進めておくことだと、覚えておいてください。

なお、Aさんの会社のように社員の副業を容認する環境を作ることは、「働き方改革」の一例と言えます。しかし、その働き方改革がキャッチフレーズの「**働き方改革推進法**（働き方改革を推進する関係法律の整備に関する法律）」は、国民の多くがサービス残業や過労死の増加につながるのではと心配する**高度プロフェッショナル制度**の創設（高収入の一部専門職の社員を残業時間規制から外す規定）などについて十分な説明や議論がされないまま国会で可決成立し、平成30年7月6日公布されました。

2・給料天引きだった税金、年金保険料、健康保険料はフリーランスになると、手続きも支払いも自分でする

私（Bさん・58歳）の会社は65歳定年制ですが、不採算部門の整理による業務縮小で50歳以上の社員を対象に希望退職を募っています。子どもたちも独立したので、私はこの機会に退職し、妻（50歳）と二人、長年の夢だったペンション経営を始めることにしました。退職願も受理され、来月末で社員ではなくなりますが、今使っている会社の健康保険が使えなくなります。退職後、すぐに私や妻が病気やケガをしたらと考えると、不安です。どうすればいいですか。

退職しても、健康保険証を会社に返さない人がいます。退職者は、会社の健康保険（医療保険という）を使う資格を失っていますから、その保険証で病気やケガの治療を受けることはできません（不正使用は賠償請求を受けたり罪に問われることもある）。これは、会社を辞める前から治療中の病気やケガも同じで、退職日（離職日と

いう）の翌日からは会社の健康保険は使えません（自費になる）。ただし、「国民皆保険」といって、日本に住む私たちは、いずれかの公的な医療保険（会社員は健康保険、公務員は共済保険、75歳以上の高齢者は後期高齢者医療保険、それ以外の人は市区町村や国民健康保険組合の国民健康保険）への加入を義務付けられています。Bさんの場合、住んでいる（住民票のある）市区町村の国民健康保険に加入すれば、退職後の病気やケガの治療には、この保険が使えるので、心配いりません（次頁図参照）。

「安心しました。退職後は、国民健康保険が使えるんですね」。

「ただし、加入手続きをして市区町村から国民健康保険証をもらわないと、保険は使えないよ。治療費は当然、全額自費」。

「えぇっ！　自動加入じゃないんですか。手続きはどこでしたらいいんです」。

「加入手続きは、市役所やその支所、出張所など市区町村の国民健康保険係（自治体で名称異なる）の窓口でできるよ。退職したら、必要な書類を用意して窓口に行けば後は書類を書くだけ。通常は、1週間ぐらいで保険証が送られてくるはずだ」。

「保険料はどうなります。今までは給料から天引きでしたけど……」。

「自分で払うことになる。市区町村から後日、保険料の納付書が届くよ」。

給料天引きの税金や年金、医療保険は

会社 **【健康保険】** から脱退 ※妻子は被扶養者	→	市区町村の **【国民健康保険】** に加入する ※妻も被保険者になる
退職により **【厚生年金】** ２号被保険者の 資格失う（妻は ３号被保険者）	→	市区町村で **【国民年金】**に加入 （1号被保険者に変更） ※妻も国民年金の１号 被保険者になる
所得税・復興特別 **所得税は給料から** **天引き** ※住民税も天引き	→	**住所地の税務署に** **確定申告をする** ※住民税の税額は、住 所地の市区町村から 世帯主に通知

「もしかして、年金や税金の支払いも、私が自分でするんですか」。

「そういうこと。厚生年金の人は満60歳前だと、退職後も国民年金の保険料を払わなくちゃならないから、加入手続きが必要だ。もっとも、この手続きも市区町村でできるから、国民健康保険の手続きと一緒にすると面倒がない（窓口は異なる）」。

「税金はどうなります」。

「所得があれば、住所地を管轄する税務署に確定申告しなければならないね」。

「ふう！　会社辞めてフリーランスになるって、結構面倒なんですねえ」。

説明を聞いたBさんは頭を抱えました。独立開業したら、ああしたい、こうしたいと、仕事に関しては熱心に研究し、必要な準備を怠りなく進めている人でも、退職後に義務付けられている仕事以外の手続きについては、後回しにしてしまいがちです。その結果、フリーランスになってから、それら事務手続きに忙殺され、大事な時間を取られるということも少なくありません。たとえば、これまで給料から天引きされていた所得税や住民税、年金保険料、健康保険料などの処理も、その一例です。

独立開業後、仕事以外に、どんな手続きが必要か、退職する前から調べて、必要な書類などを準備しておけば、時間もかからず、また慌てなくて済みます。

3・退職後の税金、年金、健康保険の手続きに必要な書類は退職日当日にもらえるよう事前に会社に頼んでおこう

今まで会社が給料から天引きして払ってくれていた所得税や住民税、健康保険料や年金保険料は、これからは私自身（Bさん・前項参照）で手続きや支払いをしなければならないことはわかりました。退職する前に必要な書類などを準備しておくと、スムーズに手続きができるそうですが、どんなことをしておけばいいですか。

会社を辞めてフリーランスになった人は、一定以上の所得があると確定申告をして所得税や住民税を自分で納めなければなりません（住民税は所得税の申告後に、市区町村から通知が来る。詳しくは3章2項参照）。また、退職後に、国民年金や国民健康保険に加入しなければならないことも前項で説明しました。

もちろん、税金も年金も保険も実際の手続きは退職後です。しかし、その手続きを義務付けられた日数（期間）が、いずれも退職日から数えて意外に短いため、事前に

準備できることはしておくと、手続きがスムーズに運び、忘れることもありません。

「いついつまでに手続きしなさいって、決まってるんですか」。

「税金の申告は通常、退職した翌年の2月16日から3月15日までの間にする。その初日と終日が休日や祝日の場合は、その翌日になる。毎年その時期になると、タレントやアスリートが税務署で確定申告するニュースが流れるだろう」

「それなら、見たことあります。でも、たった1か月じゃ、混みそうですね」。

「順番を待つのが嫌なら申告書は郵送でもOKだし、今はネットでも申告できるよ。それにもし、退職までに会社が天引きした源泉徴収額の方が税額より多くて税金の戻り（還付という）がある場合には、1月1日から申告できるんだ。確定申告期間が始まる2月16日までは、税務署もそう混まないよ」。

「じゃあ、国民年金や国民健康保険の加入手続きはいつまでですか」。

「退職日の翌日から14日以内。ルール上はそう決まってる」。

「そんなに短いんですか。退職前に手続きすることって、できませんか」。

「それは無理。厚生年金や会社の健康保険を辞めたこと、つまり退職したって会社の証明がないと加入手続きはできないんだ。退職前に市役所に行っても受け付けてく

退職日にもらえるよう会社に頼んでおくもの

【健康保険】

・健康保険資格喪失証明書

（会社の健康保険を辞めた日がわかる証明書）

【厚生年金】

・年金手帳（会社が預かっている場合）

・退職証明書、資格喪失証明書など

（退職年月日のわかる書類）

【雇用保険】（失業保険をもらうときに必要）

・雇用保険被保険証

・離職票（後日、会社から郵送）

【税金】（所得税、復興特別所得税、住民税）

・給与所得の源泉徴収票（後日、会社から郵送）

（今年の１月１日から退職日までのもの）

れないよ。ただ、相談にはのってもらえるから、加入手続きの仕方や必要な書類などを確認しておくと、退職後に手続きがスムーズにできるんじゃないかな」。

「ようするに、退職前にできる準備って、下調べぐらいしかできないんですね」。

「いや、やれることは多いよ。国民年金や国民健康保険の加入手続きに必要な書類などを退職日にくれるよう事前に会社に頼んでおくことも準備の一つ。後日改めて頼んでもいいけど、退職当日もらえれば、すぐ手続きができるだろう」。

退職後、確定申告や納税、国民年金や国民健康保険の加入手続きや保険料支払いを怠ると、何かと問題です。たとえば、所得があるのに申告しないと、後日、延滞税を加算されて税金を取られたり、悪質とみなされると罰金を科されることもあります。また、年金保険料が未払いだと年金をもらえませんし、国民健康保険の加入手続きを忘れると、病気やケガをしても治療費は自費です。必要な手続きがスムーズにできるよう、会社からもらう書類（右頁図参照）は事前に会社に頼んでおいてください。

なお、この他、**雇用保険**（失業保険という方がわかりやすい）をもらうのに必要な書類も、同じように頼んでおくといいでしょう（離職票は郵送してもらうといい）。

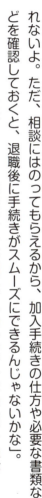

4・健康保険証や社員証、ロッカーの鍵などは退職日に会社に返そう

私（Cさん・30歳）は友人から誘われ、起業することにしました。上司に今月末で会社を辞めたいと話すと、退職自体は希望通りに認められましたが、退職当日までに、パソコンやスマホなど会社が仕事用に貸与した物品をすべて返すように言われました。パソコンやスマホ以外に、返さなければいけないのは、どんな物がありますか。

社員は入社すると、会社から制服や社員証、ロッカーの鍵などをもらいます。仕事用のパソコンやスマホも、社員が自分で用意しなければならない会社もありますが、通常は会社が準備してくれるはずです。この他、健康保険証ももらいます。

「もらうと言ったけど、これらはすべて会社が社員に貸し与えたもの、貸与したものだ。借りているものだから、社員は退職する場合は返さなくちゃならないね」。

退職する場合のチェックリスト

【会社に返却するもの・会社から受け取るもの】

□後任者への仕事の引き継ぎ

□契約や取引に関わる書類など資料一式

□企画書など立案後の書類や資料・など

□会社に返すもの（貸与されているもの）

□制服　□社員証　□名札

□パソコン　□スマホ

□パソコンやスマホに入っているデータ（ＵＳＢメモリーなどバックアップしたものも）すべて

□その他の業務用機器、備品一式

□事務所の鍵　□ロッカーの鍵

□社宅の鍵

□健康保険証・など

□会社から受け取るもの

□年金手帳

□退職証明書または資格喪失証明書

□健康保険資格喪失証明書

□退職日までの源泉徴収票・など

「えっ！　じゃあ、社員証とか制服も返さなきゃダメですか」。

「返却不要でない限り、制服や社員証、名札なども返すのが原則だね」。

「名刺とかはどうなんですか」。

「記念にと取っておく分には問題ないだろうが、中には退職後、その名刺で社員と名乗って悪事を働く人間もいるからね。会社は残った名刺の返却を求めてくるはずだ。返すのが面倒なら、上司に断って名刺を破棄すればいいんじゃないかな」。

「他にも返さなきゃいけないものがありますか」。

「パソコンやスマホ以外の事務機器、たとえば電卓なんかも要返却。それから退社後は原則、会社の医療保険は使えないから、健康保険証も返すのを忘れないこと。退職後、その保険証を使って病気やケガの治療を始めたり、身分証明として使うと、名刺の不正使用と同様に、罪に問われることもあるからね」。

「会社辞めた後も、あれが返ってないとか、これ返せとか、上司から言われそう。起業の準備で忙しいって時に、面倒だなあ」。

著者の経験でも、退職後、保険証が返却されてないとか、名札が戻ってないとか、会社から何度も連絡がありました。しかも返却がまだだと言われたリストの中には、

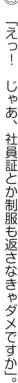

すでに返してあった物も何点かあったのです。明らかに、会社側の確認ミスでした。退職する際、この項の始めに載せたような「返却のチェックリスト」を作っておけば、「返した」「返ってない」などとケンカ腰の水掛け論となったり、互いに不快な思いをしなくて済んだのではないかと、今では反省しています。

Cさんの場合も、自分なりのチェックリストを作成しておくと、返却漏れを防げるでしょう。また、そのリストがあれば、後から問い合わせがあっても会社に返却したことを説明できます。なお、リストには会社に返す物だけでなく、退職証明書などのように会社から受け取る必要がある物も載せておくと、より便利です。

「リストには、パソコンやスマホに入っているデータは、すべて会社側に返却するってありますけど、個人的なメールや電話帳なんかも渡すんですか」。

「仕事関連のデータだけでかまわないよ。もっとも、個人的なメールや電話帳などのデータを、会社から貸与された業務用のパソコンやスマホに入れておくことの方が問題だね。私用厳禁の会社もあるし、公私混同はしないこと」。

「……！」

5・開業資金に最後の給料や退職金までアテにするのはよそう

友人と二人で起業する予定でしたが、初めに独立を言い出した友人が家族の反対で途中から計画を下りてしまいました。ですが、退職願を受理されている私(Cさん・前項参照)は、今さら会社に戻ることもできません。予定通り独立しようと思います。ただ、開業資金は友人と折半の約束でしたから、全額一人は、かなりキツいです。友人は計画を降りる際、迷惑料代わりに開業資金の一部を投資すると言ってくれましたが、いまだ入金はありません。生活費にする予定の最後の給料と退職金を回せば開業可能ですが、半年以内に事業を軌道に乗せないと資金繰りが行き詰まりかねないので、不安です。

あなたは、信を置けない相手と組んでしまったようですね。しかし、フリーランスとして独立することを決めた以上、資金計画を見直し、生活費として使われるはずの最後の給料や退職金には頼らない開業の資金繰りを考える必要があります。もちろん、その友人の投資話などアテにしてはいけません。

「資金計画を見直したって、その通りに行くわけじゃないし、銀行からの融資も、まず期待できません。作り直すだけ時間の無駄ですよ」。

「無駄ねえ……。資金計画は、開業の準備期間や収入の見込めない開業直後に、どれだけの資金があれば大丈夫か、またその資金をどうやって得るか、その内容をチェックするために作るものだってことは知ってるよね」。

「もちろん、わかってますよ。取引先の計画表、会社でけっこう見てましたから」。

「だったら、なぜ作り直す必要があるのかもわかるだろう。開業資金を一人で出すのは大変だけど、二人で独立する場合と比べて、かかる経費が減るはずだよ」。

「そうか！　当初必要な資金を圧縮できるんだ。それなら、あいつが投資してくれなくたって、給料や退職金を全部開業資金に回さなくても済む」。

一口に**開業資金**と言っても、①**開業の準備期間中に支払いが発生する費用**（事務所賃借費、パソコンや電話などの購入に必要な設備費、ロイヤリティーや許認可・届出

開業準備・開業直後の資金はどうするか

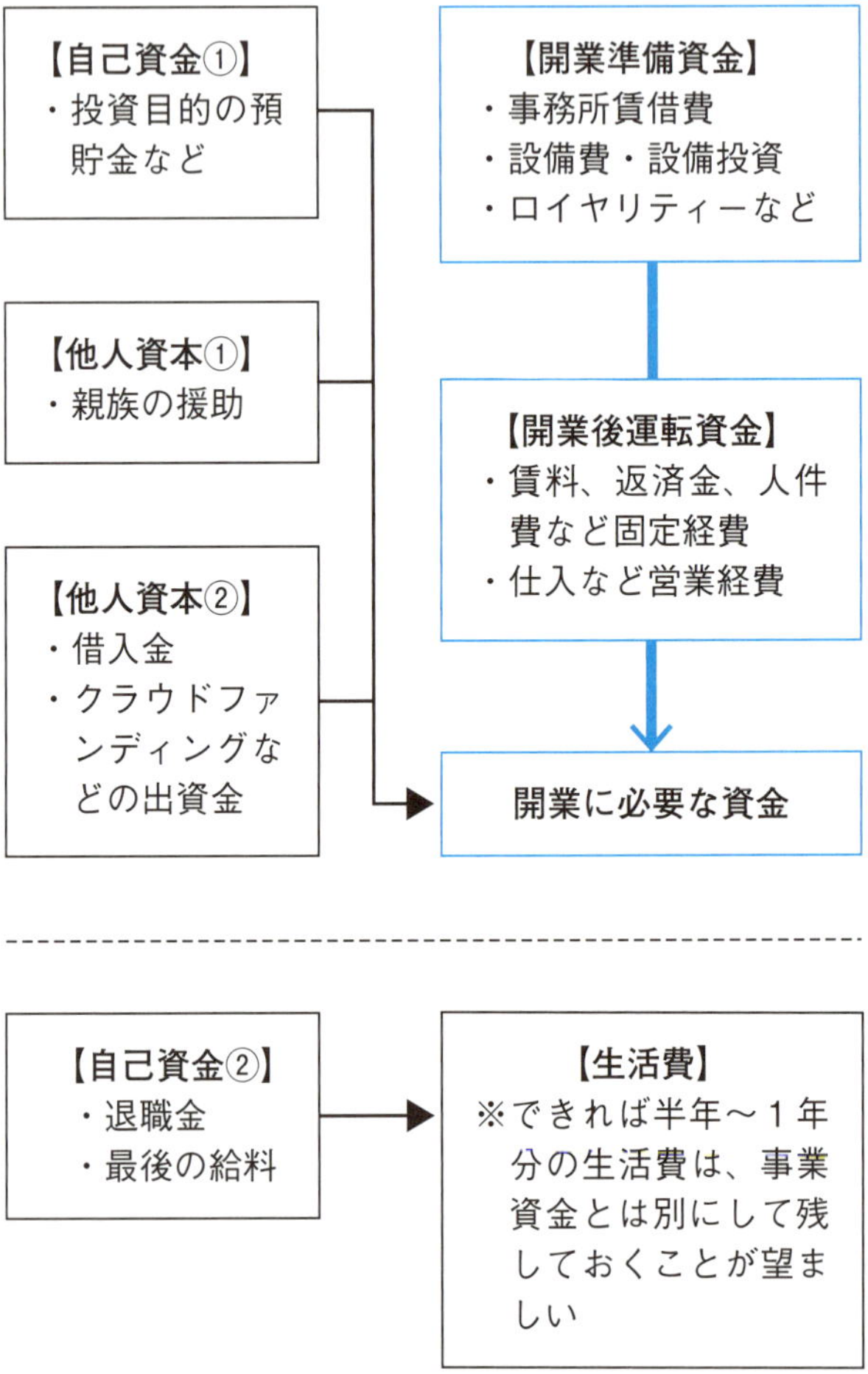

が必要な場合の登録料など）と、②**開業後の運転資金**（事務所賃料や人件費など必ず支払いが生ずる固定経費、仕入れ代など）があります。一度に資金を集めなくても、支払時期のタイムラグを利用すれば、さらに当座の費用は少なくて済むでしょう。

「でも、給料や退職金を全部残しとくとなると、借金するしかないしなあ」。

「開業資金に生活費まで回すくらいなら、足りない分は人から借りるべきだよ」。

「だけど、あいつの話はアテにできないし、銀行は融資してくれませんよ」。

「逃げ出した友人や銀行がダメでも、出資や借金を頼めそうな親族や他の友人に、話をしてみてもいいんじゃないか。それに、最近はネットを通じて広く出資を募るクラウドファンディングって方法もある。こっちも試してみる価値はあるぞ」。

事業は生き物ですから、開業後計画通りにいかないことも多いでしょう。ときには有り金すべてを投入しなければ破綻という事態が起きないとも限りません。しかし、少なくとも最初から、給料や退職金を開業資金に充てる計画は立てるべきではないと思います。そうしなければ開業できないというのであれば、計画自体を考え直した方がいいでしょう。最後の給料や退職金にまで頼る独立開業は、まず成功しません。

6・いつまでに「退職願」を出せば希望日に辞められるか
会社の「就業規則」を事前にチェックしよう

会社を退職し、スムーズに独立開業するには、仕事面での準備だけでなく、退職・開業前後にしなければならない事務手続きについても、事前に十分な準備をしておかなければならないことはわかりました。

ただ、フリーランスとして独立するチャンスは今しかないと思うので、私（Dさん・35歳）は一日も早く会社を辞めたいのです。いつまでに退職願を出せばいいですか。

なお、「独立開業のため近く退職する」という話は、それとなく上司に話してあります。

最近では、当日の朝、「私、会社辞めます」と、上司に電話で伝えてきたり、退職願（退職届、辞職届ともいう）をメールで送りつけてくる社員もいるそうです。もちろん、こんな非常識な退職願は法律的にも認められませんし、マナーとしても許されないでしょう。その後、本人が出社してこないのは勝手ですが、会社としては自己都合による**退職**ではなく、職場放棄とみなして懲戒解雇とすることも可能です。どちらも、会社の社員でなくなる（**社員の地位を失う**）ことは同じですが、懲戒解雇は自己都合による退職と比べ、退職金や雇用保険（第4章参照）の扱いで不利になります。

社員（労働者）はその地位を労働契約法や労働基準法で保護されていて、会社から正当な理由なく退職を強要されたり、恣意的な解雇をされることはありません。その一方で、自分の都合で会社を辞める（労働契約を解除する）場合、一定期間前までに退職願を会社に提出するなど就業規則や労働契約のルールに従う必要があります。

「上司に近く辞めると話したから、退職願を出したことになりますよね」。
「退職を匂わせただけじゃ、退職願出したとは言えないな」。
「いついつ辞めたいって、具体的な日を伝えていたらどうですか」。

「口頭が絶対ダメってわけじゃないけど、一般的には『退職願』は書面で出すことになってるね。いつまでに退職願を出すか、どんな書式にするかなど具体的ルールは個々の会社ごとに若干異なるけど、詳しくは会社の就業規則に書いてあるよ」。

常時10人以上の社員を雇っている会社は、労働時間や賃金など労働条件を明示した**就業規則**を作成し、労働基準監督署に届け出る義務があり（労働基準法89条）、退職についての決まりも、その就業規則の中に必ず入っています。

「退職したい」と、いつまでに会社に伝えるか（**労働契約解除の意思表示**）、民法にも規定があります（627条）が、それぞれの会社の「就業規則」の定めが優先です。「会社が認めない限り退職できない」、「10年間は退職できない」など、いわゆる公序良俗違反の内容でない限り、それぞれの会社が自由に決められます。

なお、**厚生労働省の「モデル就業規則」**によると、自己都合による退職が成立する（社員の身分を失う）のは、社員が退職願を出して、**①会社が退職を承認したとき**、または**②退職願提出後14日が経過したとき**、です。

「じゃあ、退職願は退職したい日の2週間前までに出せばいいんですね」。

「会社員のように月給制の場合、退職願を出すのが、①その月の前半なら月末退職が認められるけど、②その月の後半だと翌月末退職という会社も多いよ」。

「退職願を出せば、すぐには辞められなくても、就業規則で決まってる日数が過ぎれば、退職できるんですね。でも、就業規則なんて見せてくれるかな」。

「大丈夫。就業規則は、社員なら誰でも見られるよ。その中の退職規程をチェックして、辞めたい日に合わせて退職願を出せばいい。でも、退職願を出しても、必ずその日に会社を辞められるわけじゃないから、そのつもりで」。

「えっ！　退職願を出しても辞められないことがあるんですか！」

「社員の補充ができないなど、会社側の理由で先延ばしされることもあるらしい」。

人手不足などを理由に退職願の受け取りを拒否したり、話合いにも応じないなど、会社側の理不尽な行為で中々退職できない場合も、実際にはあるようです。ただし、会社が退職を認めないからといって、就業規則を楯に強引に退職するやり方は会社側との間でトラブルが生ずる恐れが強く、お勧めできません。会社側が自己都合退職を認めず解雇扱いにしたり、独立開業後の取引先に悪い噂を流したり、ＳＮＳ上に誹謗中傷を書き込んだりすることもあるからです。

スムーズに退職し、フリーランスに移行したければ、事前に上司や会社と良く話し合い、退職日を決めてから退職願を出すのが、もっともよい方法です。しかし、会社側が退職を認めず円満退社が望めない場合、社員としては退職を強行するのではなく、労働基準監督署や弁護士などの専門家に相談してください（次項参照）。

７・独立開業にはタイミングがある
チャンスを逃さぬよう退職を認めさせよう

私（Eさん・47歳）は、会社に内緒でゲーム関係の副業をしており、今では給料以上の稼ぎがあります。同族会社なので私のように縁故のない社員は出世できませんし、不況になれば最初にリストラされますので、会社を辞めて副業一本で行くことにしました。ところが、辞表を出しても上司は「少し待ってくれ」と言うだけで、1年経った今も辞めさせてもらえません。副業の方が日に日に忙しくなるので困っています。会社がＯＫしないと、社員は辞められませんか。

結論からいうと、会社のＯＫがなくても退職はできます。法律上、契約期間の定めのない社員（労働者）は、いつでも退職（労働契約の解除という）の申入れができることになっているからです（民法６２７条１項）。社員は退職の申入れ（退職願の提出が一般的）後、就業規則や労働契約で決められた期間（「退職希望日の14日前までに退職願（辞表）を提出」という規定なら退職願の提出から14日間）が過ぎれば、会社との**労働契約は終了**し、退職したことになります（前項参照）。

もっとも、多くの会社では、自己都合退職について、「退職願を提出した場合、**会社が承認した退職日まで**は現在の職務について後任者への引継ぎを完了し、業務に支障をきたさぬよう専念しなければならない」という趣旨の定めが就業規則にあり、退職願を出しても、すぐ辞められるとは限りません。ただ、引継ぎの期間を、「次の社員が見つかるまで」という曖昧な文言にしたり、また会社に都合のいい解釈をすることは許されません。1年前に退職願を出したEさんを、今も退職させないのは問題です。

「会社の就業規則にも2週間前までに出せとありますけど、上司が私の辞表を受け取ってくれません。こういう場合、どうすればいいですか」。

「なるほど、上手い手だ。受け取らなきゃあ、退職申し入れた証拠ないもんな」。

「感心しないでくださいよ！　後から証明できる方法ないんですか」。

「あるよ。退職願を会社（通常は代表取締役＝たとえば社長宛）にメールで送るか、内容証明郵便で送ればいい。いつ、誰に、どんな内容の文書を送ったか、後で確認

ができるからね。退職を申し入れた証拠にはなるよ。ただ、メールは、開かなかったとか、そんな内容じゃなかったと、相手がトボけることもあるから、より確実なのは、内容証明郵便を使う方法だね」。

「じゃあ、メールか内容証明郵便で退職願を送れば、会社が退職を認めない場合、2週間が経ったら、私は勝手に会社辞めてもいいんですね」。

「うーん。法律の解釈上はともかく、退職願出したから文句ないだろうと、会社側と話合いもしないで一方的に辞めるのは、お勧めできないね」。

「なぜです？」

「後からトラブルになる可能性が高いからだよ。たとえば、会社側が最後の給料や退職金の支払いを渋ったり、退職後の手続きに必要な税金や年金、医療保険の書類を渡してくれないとかね。嫌がらせや誹謗中傷されることもあるよ」。

「そ、そうなんですか！　円満退社がいいってことはわかりますけど、会社のＯＫ待ってたら、チャンス逃しちゃいますよ」。

「でも、あなただって会社に黙って副業してるんだよね。就業規則に兼業禁止の規定があると、最悪の場合、会社から損害賠償を要求されることもある。だから、話合いによる円満退社を勧めるのさ」。

「そ、損害賠償は困りますけど……。退職を認めさせる方法、何かないですか」。

「役所や専門家に相談するといいね。たとえば、労働基準監督署や総合労働相談センター、それに弁護士会や社会保険労務士会の無料相談などがあるよ。1年も前に退職の意思表示をしてるのに、会社が誠意ある対応をしてないのは事実なんだ。きっと力になってくれるよ」。

労働基準監督署や総合労働相談センターでは、会社側との話合いのあっせんの他、ときには会社に対し、勧告や指導もしてくれます。労働基準監督署は堅苦しくて入りづらいという人は、総合労働相談センター（都道府県労働局や労働基準監督署の庁舎内の他、主要駅近くに設置された事務所もある）がいいでしょう。ホームページなどで場所や相談時間、予約の要否などを確認して、相談に行ってください。なお、弁護士や社会保険労務士は、会社との交渉を依頼する場合は有料になるのが普通です。

Eさんの場合、会社側は退職願を受け取ろうともせず、結果的に今まで退職を認めなかった対応には誠意の欠片もありません。就業規則や労働契約法のルールを楯に、強硬に退職を認めるよう迫ることもできますが、右にあげた相談先に申し立て、その力を借りる方が、よりスムーズに、Eさんに有利な解決が図られると思います。

8・許認可や届出が必要な業種もあるので独立開業する前によくチェックしよう

私（Fさん・35歳）はネットショッピングやネットオークションが好きで、会社が休みの日は一日中、自分や友人のために服やバッグの売り買いをしています。最近では友人から不用品を買い取って出品をしたり、ネットで出物の服やバッグを大人買いして、友人に手数料を上乗せした金額で売るので、けっこう儲かるんです。夫からも、「勧め辞めてネットショップ始めろよ。」と、勧められました。すでにホームページもネットバンキングの口座も持ってますし、夫は「今日からでも自宅で開業すれば。」と言います。

ネットショッピングやネットオークションは、パソコンやスマホが使えれば誰でも参加できます（未成年者規制など参加資格があるサイトも）。著者の周囲でも、個人的な出品で「儲けた」という話を聞くことは珍しくありません。Fさんのようにホームページを開設していて、ネットバンキングの口座も持っていれば、顧客数と扱う商品の数を増やすこと以外、独立開業後もやることは今までと変わりません。簡単に参入できる手軽なビジネスモデルだと、ご主人が誤解したのも仕方ないことでしょう。

「えっ！　すぐには開業できないんですか」。

「少なくとも、古物商の営業許可は必要だね」。

「古物商？」

「ビジネスで中古品を売買する場合、古物営業法という法律で古物商の許可を取らないとダメなんだ。これは店舗のないネットショップでも同じだよ」。

「その許可って、どうすればもらえますか」。

「ネットショップを開設する場所、あなたの場合は自宅の住所を管轄する警察署。その防犯課で相談し、必要な書類や手数料を用意して申請手続きをすればいい」。

独立開業する場合、業種によっては、自治体など行政機関の許認可や届出が必要な場合があります（次頁表参照）。無許可営業や無登録営業は刑事罰を受けることもあり、事前にチェックして許認可や届出の手続きを絶対に忘れないでください。

許認可や届出が必要な業種と申請窓口

開業する業種	必要な許認可届出と申請窓口
ネットショップ（中古品の売買をする場合）	**古物商の許可**（古物営業法） ※URLの届出（プロバイダーの資料）が必要になることも **【窓口】**管轄の警察署（防犯係）
民泊（営業日数が年180日以下の場合）	**住宅宿泊事業の届出**（住宅宿泊事業法・各自治体の条例） **【窓口】**保健所を設置する市と特別区（これ以外は都道府県）
飲食店 **喫茶店**	**食品営業の許可**（食品営業法） ※食品衛生管理者の資格必要 **【窓口】**管轄の保健所
宅配便（軽トラ、バイク便）	**貨物軽自動車運送事業の届出**（貨物自動車運送事業法） **【窓口】**運輸支局
不動産業（一つの都道府県で営業する場合）	**宅地建物取引業の免許**（宅地建物取引業法の知事免許） ※宅地建物取引士の資格必要 **【窓口】**都道府県（住宅局）

9・フリーランスとして独立開業したら家計とは別の銀行口座を作ろう

私（Fさん・前項参照）は会社を辞めてネットショップを開くことにしました。ホームページもショップ専用にリニュアルしたので、警察署から古物商の営業許可が下り次第、開業します。ところが今になって夫が、「ネットショップの取引口座、別に作った方がよくないか。」と、言い出したのです。たしかに、現在使用中のネットバンキングの口座は、私の給料振込や光熱費など家計の支払いにも使っています。口座を分けた方がいいですか。

ネットバンキングに限らず、独立開業したからといって、新しく専用の銀行口座を作らなければならない（開設義務がある）というわけではありません。しかし、本格的に独立開業する以上、家計とは別に専用の銀行口座を開設すべきです。

「どうしてですか」。

「あくまで一般論だけど、個人事業の場合、財布（銀行口座）が一つだと、家計と仕事の金との区別が曖昧になりがちなんだ。たとえば、顧客からの入金や取引先への支払いに充てる予定の金を、個人的な支払いに使ってしまうとかね」。

「う〜ん……。ありそうな気もします」。

「それから、税金の確定申告に必要な帳簿作りって、公私の区別がない銀行口座の通帳から作成するのは面倒だよ。一々確認するのは不便だし。他にも……」。

「まだ、あるんですか？」

「ネットショップ、名前付けるよね」。

「はい。今流行りのアニメの主人公の名にあやかった店名にするつもりです」。

「銀行口座は、あなたの個人名義。顧客が入金する場合も取引先に支払う場合も、ショップ名と口座名義が異なると、間違いが起きないとも限らないだろう」。

「わかりました。さっそくネットショップの銀行口座、新しく作ります」。

単発的な取引による入出金でなければ、副業の場合でも、家計とは別の銀行口座を作るのが望ましいでしょう。ただし、銀行口座が特殊詐欺やマネーロンダリングなど犯罪や不正取引に利用されることもあるため、最近では銀行口座の新規開設は意外に面倒です。かつては取引先拡大のため、同じ銀行の他の支店に預金口座があっても、積極的に新規の口座開設を預金者に勧めていたようですが、今では新規の口座開設を申し込むと、他の支店の預金口座を解約してほしいと言われることもあります。

また、銀行からマイナンバーなどの本人確認資料を求められたり、職業や口座開設の目的などを事細かく聞かれることも多いそうです（犯罪による収益の移転の防止に関する法律による）。もちろん、口座開設を断られる場合もあります。

「もっとも、手続きが面倒になったというだけで、窓口で独立開業による口座開設だとキチンと目的を説明し、必要な資料を提出すれば大丈夫じゃないかな」。

「口座開設を断られたり、審査が長引くとか言われたら、開業延期ですか」。

「まさか！　そうならないためにも、事前に銀行に相談することも必要だね。預金取引のある銀行の支店なら、新規の口座開設にも対応してくれると思うよ」。

なお、Ｆさんが他にも預金口座を持っていれば、光熱費の引落しなど家計取引は他の口座に移し、ネットバンキング対応の口座はビジネス専用とする便法もあります。

10・独立開業を決断する前に周囲の意見に耳を傾けよう

今の会社に入って3年。クリエイターとして採用されたのに、「制作部は人が余ってる。」からと、雑用や外回りの仕事ばかりです。前の会社では制作畑に2年、それなりに仕事していたのに納得できません。独立した知人も「お前なら独立してもやってける。その気があるなら仕事回すぞ。」と言うので、私（Gさん・29歳）は会社を辞め、フリーランスとして独立することにしました。

でも、上司は、「今の君じゃ独立しても仕事は来ない。いずれ制作部に異動させるから、もう少し頑張れ。」と、辞表を受け取りません。同僚にも反対されました。私としては、このチャンスを逃したくないので、近々正式に退職願を出そうと思うのですが……。

独立するかどうか、最後はGさん自身が決めることです。チャンスを逃したくないという気持ちも、よくわかります。フリーランスになってもやっていけるという自信があるなら、周囲がどんなに反対しても退職願を出すべきです。ただし、独立の理由が、職場で希望職種に就けない人事への不満だったり、知人の「仕事を回してやる」という言葉をアテにしたものなら、もう一度考え直してください。

「自信はあります。思いつきだけで独立を決めたわけじゃありません」。

「けど、君の上司や同僚は、そう思ってない。だから反対するんだよ」。

「私に制作の仕事させたこともないのに、何で独立しても上手くいかないって決めつけられるんでしょう。私に、決定的に欠けている何かがあるんですかね」。

「フリーランスで成功するかどうかは、①スキル、②経験、③人脈、④資金、そして⑤運、の有無で判断できる。そのすべてに自信があるかい？」

「資金はともかく、他の4つは人並みにはありますよ」。

「クリエーターとして大きな仕事をしたことがある？　賞を取ったことは？」

「それは……」。

「ないんだね。つまり①は×。実務経験も前の会社での2年だけ。②も×だ。独立しても仕事を回す会社があるとは思えないね。上司の見解は正しいよ」。

③の人脈も判断が甘すぎます。知人から「仕事を回す」と言われたようですが、単なる社交辞令でしょう。よくあることです。本当に回してくれるとすれば、それは知人にとって旨味のない仕事（安い、納品期間が極端に短いなど発注者が無理な要求を押し付ける場合）だと思ってください。③も×です。④も潤沢ではなさそうですから、Gさんの場合、独立は時期尚早だと言えます。

「独立しない方がいいんですかね」。

「最初にも言ったけど、決めるのは、あなた自身。ただ、フリーランスとして成功するかどうかの判断をする場合、本人のチェックはどうしても甘くなるね」。

「人の意見を聞けってことですか」。

「それでもなお成功する自信があれば、その時会社に退職願を出せばいい。焦って結論を急ぐより、十分な時間をかけて準備し独立した方がチャンスをつかめるよ」。

独立開業を急ぐ余り、周囲の忠告や助言を無視する人は少なくありません。他人の意見に耳を傾けること、それがフリーランスとして成功する秘訣です。

コラム　人生100歳、定年はない

趣味を副業にして
複数の仕事を持とう

独立開業を模索する会社員の中にも、SNSで写真や動画を投稿する人は多いでしょう。それが何気ない日常を撮ったもの、たとえば家族や街の風景、鉄道や動物、花など個人的な趣味の写真や動画であっても、アクセス数により広告料が入る契約なら、これも立派な副業です。

では、会社の就業規則に「**兼業禁止**」の規定があったら、副業社員の無断投稿は処分の対象になるでしょうか。

答えは、「NO」です。会社の機密情報や営業秘密の漏えい、または会社の社会的評価を貶めるような投稿でない限り、処分の対象にはなりません。社員（労働者）が労働時間以外の時間をどのように使うか、原則、社員の自由だからです。

会社を辞め、フリーランスとして独立開業したいと考えても、その全員が独立できるとは限りません。また、ときには独立を諦め、会社に在籍したまま副業や兼業とした方がいいこともあるのです。

★複数の仕事を持つ場合は、就労管理や体調管理は自己責任になる

これまで、会社の業務が疎かになる、情報漏えいのリスクがあるなどの理由で、社員の副業や兼業を禁止する会社が一般的でした。しかし最近は、社員の副業や兼業を認める会社も珍しくありません。背景には、「働き方改革」の一環として、社員の副業や兼業を推奨する動きがあるからです。平成30年1月改正された厚生労働省の「**モデル就業規則**」では、従来の兼業禁止規定が削除され、**副業・兼業に関する規定**が新設されました。また、取扱いの指針として公表された「副業・兼業の促進に関するガイドライン」では、副業や兼業を原則認める方向で検討することを会社に求めています。

社員にとって、副業や兼業は、自身のキャリア形成や所得増加に結び付く他、転職や独立開業の準備につながります。一方、会社側も、社員のスキルアップや優秀な人材の流出防止、社外の人脈形成と、そのメリットは少なくないのです。

なお、副業や兼業をする社員の場合、その就労時間や健康管理の取扱いが問題になります。労災事故の責任や安全配慮義務が会社側にあることは当然ですが、社員自身も副業や兼業にあたって、健康に十分配慮しながら働くことが重要です。

★

本書は、会社を退職し、フリーランスとして独立開業する社員向けに書かれたものです。しかし、人生１００年、定年までは副業として会社員を続け、定年後に独立開業するという方法もあります。

なお、独立開業するにしても副業や兼業のまま会社員を続けるにしても、お金のためだけではなく、長く定年後も働ける仕事を見つけることが大事です。

第2章

会社員がフリーランスになると、健康保険と年金も変わる

知っておきたい健康保険と年金の手続き

1・会社を辞めると、会社の健康保険が使えなくなる

私（Hさん・63歳）は後2年で定年ですが、先日、会社から関係会社への転籍出向を打診されました。まったくの異業種で、給料も下がります。思い切って退職し、商売を始めることにしました。ただ、退職すると会社の健康保険が使えません。住む市の国民健康保険には入れますが、保険料がかなり高くなり、保険給付は下がると聞きます。今まで通り、会社の健康保険を使えませんか。

会社を辞めた後も、引き続き「会社の健康保険」を利用できるどうかを検討する前に、まず健康保険（**医療保険**という）には、どんな種類があるか紹介しましょう。日本に住む私たちは、「国民皆保険」といって、公的な医療保険のいずれかに加入しなければならない（義務付けられている）ことは、前にも説明しました（1章2項）。この医療保険は、大きく分けて、職場の健康保険（**職域保険**という）と、その

加入者以外を対象にした地域保険の二つがあります。会社員が加入する健康保険、公務員や学校の教職員を対象にした共済保険が、職域保険の代表です。一方の地域保険には、自営業者や年金生活者などが加入する市区町村や国民健康保険組合の国民健康保険と、75歳以上の高齢者を対象にした後期高齢者医療保険があります（次頁図参照）。

それぞれの加入要件や保険料、保険給付などは、健康保険法、国家公務員共済組合法、地方公務員等共済組合法、私立学校教職員共済法、船員保険法、国民健康保険法、高齢者の医療の確保に関する法律に規定されています。どの保険も、加入者が病気やケガをしたとき、治療費や入院費の一部を支給してくれることは同じですが、制度や運営主体（健康保険組合、市区町村など）により、内容が多少異なるのです。

なお、職域保険の加入者は、その職場で働く人（被保険者という）とその扶養家族（被扶養者という）ですが、地域保険には被扶養者はいません。全員が被保険者です。

「知らなかったなあ。健康保険の種類がそんなにあったなんて」。

「保険給付といって、病気やケガの治療費の一部を負担してもらえるんだ」。

「健康保険に加入していれば、安心なんですね」。

「そういうこと。だから、会社を辞めたら急いで次の医療保険に入らないとね」。

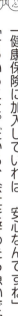

健康保険（公的な医療保険）の種類

職域保険

健康保険（会社員と扶養家族が加入）
・協会けんぽ　約3,716万人
・健康保険組合　約2,914万人

船員保険（船員と扶養家族が加入）
約12万人

地域保険

共済保険（公務員や学校の教職員と扶養家族が加入）　約877万人

国民健康保険（自営業者、年金生活者などが加入）
・市区町村の国保　約3,182万人
・国民健康保険組合　約286万人

後期高齢者医療保険
（75歳以上が加入）　約1,624万人

※加入者数：平成28年３月末（出典：厚生労働省保険局「医療保険制度をめぐる状況」平成30年４月19日付）

「そうですね。でも、私は国民健康保険じゃなくて、できれば今まで通り、会社の健康保険を使いたいんです。無理ですか」。

Hさんのように会社の健康保険に加入していた人が退職すると、その保険の被保険者ではなくなります（資格の喪失という。健康保険法36条2項）。その結果、退職者本人とその扶養家族は、**会社の健康保険**を原則、使えなくなるのです。ただし、国民皆保険のおかげで、Hさんは他の医療保険に移れば、保険給付を受けられます（**加入手続きは必要**。次頁図・3項参照）。

「原則ってことは、そのまま会社の保険を使える例外もあるんですね」。

「ある。任意継続被保険者制度と言うんだけどね。会社の健康保険に2か月以上加入していた人は、退職した日の翌日から20日以内に手続きをすれば、その会社の保険を引き続き使うことができるんだ」。

「ほ、本当ですか！　私、会社の保険に2年以上入ってますよ」。

Hさんは大喜びです。この任意継続被保険者制度については次項で説明します。

退職すると医療保険はどうなるか

会社の健康保険

退職後は使えない（原則）

国民健康保険（国保）に加入

・退職日の翌日から14日以内に住所地の市区町村で手続き

任意継続被保険者制度を利用

・健保に２か月以上加入が条件

・退職日の翌日から20日以内に全国健康保険協会または健康保険組合に手続き（厳守）

・２年間、会社の保険を継続

・保険料は全額自己負担

親族の健康保険に加入

・親族の被扶養者になる

別の会社の健康保険に加入

・転職、再就職した場合

※75歳以上は全員、**後期高齢者医療保険**の被保険者になる（高齢者の医療の確保に関する法律）。

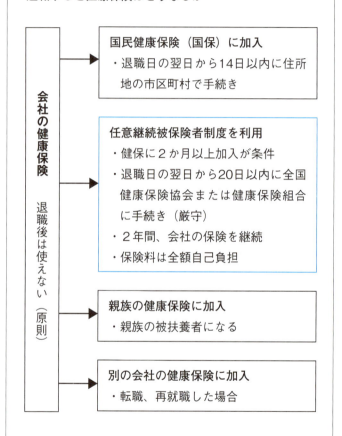

2・任意継続被保険者制度の手続きをすると会社の健康保険を退職後2年間は使える

会社を辞めても、私（Hさん・前項参照）の場合、任意継続被保険者制度で、今まで通り会社の健康保険を使えるそうです。この制度について、もっと教えてください。

退職後も会社の健康保険を引き続き使いたい人には、**任意継続被保険者制度**があります。ただし、会社の保険に2か月以上加入していることが条件です。また、**退職日（離職日）の翌日から20日以内**に健康保険が所属する全国健康保険協会（協会けんぽ）や健康保険組合に、必要な書類や証明書などを提出して、「任意継続被保険者」になることを申し出なければなりません（健康保険法37条1項）。なお、任意継続被保険者になると、その扶養家族も今まで通り被扶養者として会社の保険を利用できます。

「任意継続被保険者になれば、私も妻も会社の保険が使えるんですね」。

任意継続被保険者制度とは

【条件】退職前に、会社の健康保険に２か月以上加入している（健康保険法３条４項）
【申出】退職日（離職日）の翌日から20日以内に所定の全国健康保険協会または健康保険組合に申出手続き（厳守）
【利用期間】２年間、会社の保険を継続利用（法定の資格喪失理由以外でやめられない）
【保険料】全額自己負担（２年間原則変わらず）

【保険料の計算式】　（協会けんぽ・平成30年度）

退職時の標準報酬月額 （最高28万円）	×	**9.63～10.61％** （都道府県別。東京都9.9％）

40歳～ 64歳（介護保険第２号被保険者）は介護保険分として、上式の料率に一律1.57％を加算。
【保険料（東京都・上限）**】**＝①＋②＝32,116円
①基準保険料＝28万円×9.9％＝27,720円
②介護保険分＝28万円×1.57％＝4,396円

「ただし、2年間だけ。それに、保険料は今までの倍。会社が負担してくれていた分も自分で払うことになるからね。それと、保険料は2年間変わらない」。

「じゃあ、独立して収入が増えなければ、国保に変わった方がいいですね」。

「残念だけど、2年間は原則やめられないよ」。

「必ずしも会社の健康保険のままが得、というわけでもなさそうですね」。

任意継続被保険者がその資格を失うのは、①その資格を取得してから2年が経ったとき、②本人が死亡したとき、③保険料を滞納したとき、④他の医療保険の被保険者になったとき、だけです。それ以外の理由で、やめることはできません。

ところで、国保の保険料の方が高く、保険給付が低いから任意継続被保険者になるという人も意外に多いようです。でも、これは誤解です。保険料の基準となる退職時の給料（**標準報酬月額**という）によっては、国保の方が安いこともあります。また、会社の保険と内容が同じとは言っても、傷害手当金や出産一時金のように原則もらえないものもあるのです。どちらを選ぶか、よくチェックした上で決めてください。

なお、会社の保険を退職後も使える制度には、他に「特例退職者被保険者制度」もありますが、その制度が使える会社はそう多くはないようです。

3・会社を辞めたら、市区町村の窓口で国民健康保険の加入手続きをしよう

任意継続被保険者制度を利用すれば、私（Hさん・1項、前項参照）と妻が、辞めた会社の健康保険を、引き続き2年間は使えることはわかりました。でも、保険料や保険給付が健康保険の方が得という話は、必ずしも正しいとは言えないようです。
私がもし、住んでいる市の国民健康保険に加入する場合には、いつまでに、どんな手続きをすればいいのでしょうか。

退職し、会社の健康保険が使えなくなっても、他の医療保険に加入すれば、病気やケガの治療には新しく加入した保険が使えます。1項で、退職後に加入可能な保険を紹介しました（60頁図参照）が、フリーランスになった人の多くは、市区町村の国民健康保険※に加入するのではないでしょうか。

※市区町村の国民健康保険（以下、**国保**という）は、各市区町村が個別に運営していたが、平

成30年4月から都道府県も保険者として運営に加わった（加入手続きや保険証の交付、保険料の徴収、保険給付など住民との窓口事務は従来通り市区町村が行う）。

「国保は全員が被保険者で、扶養家族っていないんですよね。ということは、今まで扶養家族として私の保険に入っていた妻も、加入手続きが必要なんですか」。

「その通り。だけど、手続きは世帯ごとにすればいいから一度で済むよ。夫婦が別々に加入手続きをしろってことじゃないからね」。

「私か妻、どちらかが手続きに行けば、二人とも加入できるってことですね」。

「そういうこと。国保は、すべて世帯ごとなんだ。たとえば、保険料は加入者一人一人じゃなくて、世帯ごとに計算し、世帯主に請求する。また、保険証は一人一枚だけど、世帯ごとにまとめて世帯主宛に送られるんだ」。

「なあんだ！　世帯主は私だから、今までと何も変わらないじゃないですか」。

別々に加入手続きの必要がないというのは、国保の加入届（国民健康保険異動届という。次頁届書参照）には、その手続きの時に、一緒に加入する家族の名前をすべて書くことになっているからです。Hさんの場合も、加入届の「加入者の欄」に、自分

国民健康保険異動届（加入届）のサンプル

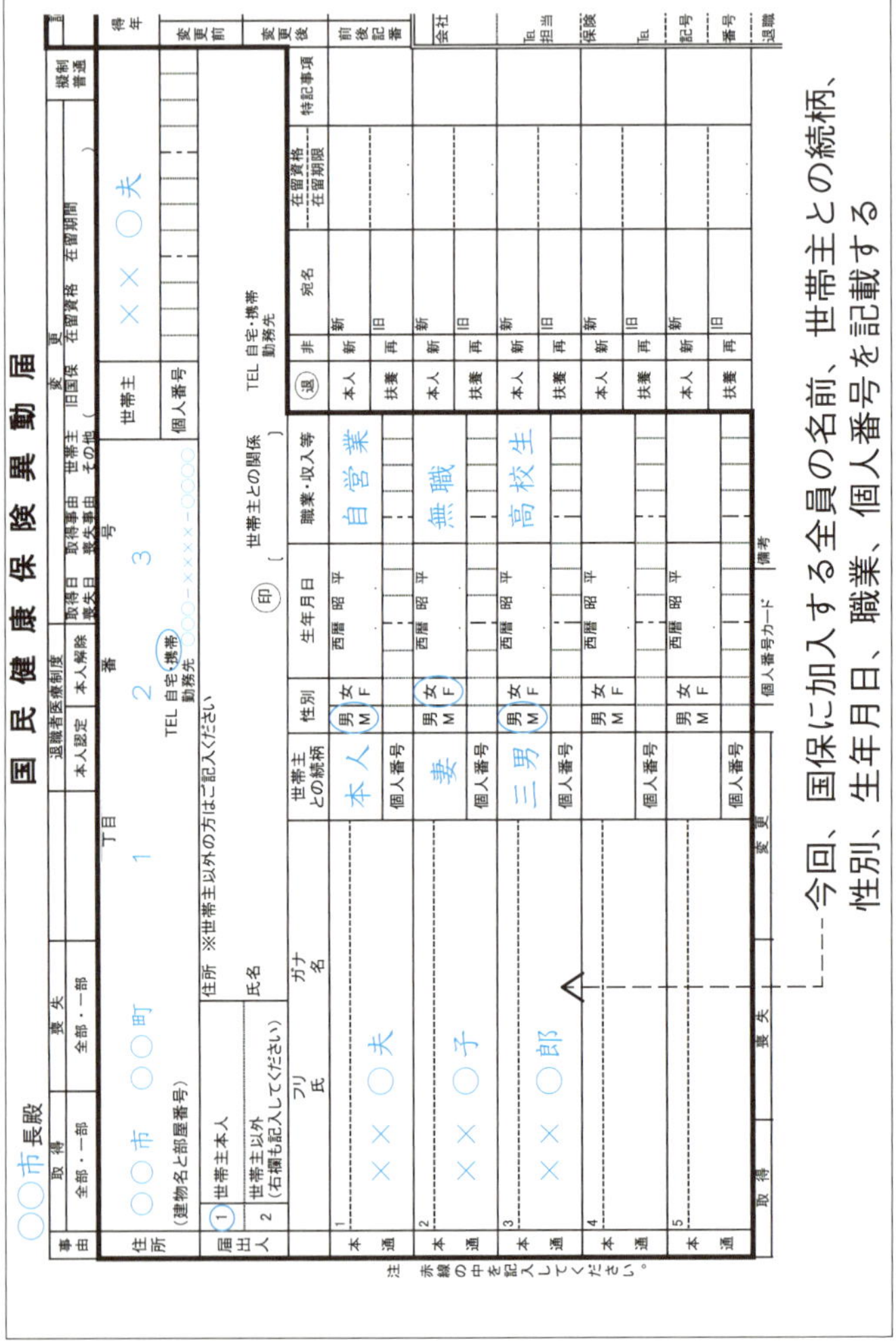

と奥さんの「名前」、「世帯主との続柄」、「性別」、「生年月日」、「職業」、「個人番号」を記載すれば、二人とも加入手続きをしたことになります。

「で、加入手続きは、いつまでに、どこですればいいですか」。

「会社を辞めた日の翌日から14日以内に、住所のある（住民登録をした＝住民票を出した）市役所（本庁、支所、出張所など）の国保の窓口で、加入届と必要書類を出せばいい。手続きは郵送でもできるよ」。

「必要な書類って、何ですか」。

「健康保険資格喪失証明書。会社の健康保険をやめた日付が確認できる証明書だね。退職する時、会社からもらえるよ。後は、加入者と届出者の本人確認書類かな」。

国保の加入手続きには、**①国保の加入届**、**②健康保険資格喪失証明書**、**③世帯主と国保に加入する人全員の個人番号確認書類**（マイナンバーカードまたは通知カード）**のコピー**、**④窓口に手続きに来た人（届出人）の本人確認書類**（マイナンバーカード、運転免許証、パスポートなど）**のコピー**が必要です（次頁表参照）。

国民健康保険（国保）の加入手続き

●国保に加入しなければならない人

次の①～④以外の人（観光・医療保養以外の目的で在留期間３か月を超す住民登録した外国人含む）。

①職場（会社、役所、学校など）の健康保険の加入者（被保険者と、その扶養家族＝被扶養者）

②国民健康保険組合の被保険者

③生活保護受給者

④後期高齢者医療保険の被保険者

●会社を辞めた人が国保に加入する手続き

【手続きの期間】 離職日の翌日から14日以内

【手続きの場所】 住所のある市区町村の窓口

【手続きに必要な書類】

①国民健康保険異動届（国保の加入届）

②健康保険資格喪失証明書（会社の健康保険をやめた日がわかる書類。勤務先の会社などでもらえる）

③世帯主と加入者全員の個人番号確認書類のコピー

④届出人の本人確認書類（マイナンバーカード、運転免許証、パスポートなど）のコピー

【手続きをする人】 世帯主、本人、同一世帯の人

【資格取得日】 離職日の翌日（使えるのは手続き後）

「会社と退職のことで揉めていて、会社の健康保険の資格喪失証明書をもらえない場合はどうなりますか。国保に加入できないってことですか」。

「まさか！　その証明書は、退職した会社以外に、健康保険組合や年金事務所でももらえるんだ。会社の健康保険をやめた日付がわかればいいから、証明書の名前や書式が違っても構わないし、書類がなければ加入する国保の窓口で、資格喪失証明書の用紙をもらって記載してもらってもいい。心配いらないよ」。

なお、加入手続きを終えても、「国民健康保険証」を受け取らないと、病気やケガの治療に国保は使えません。国保の保険証は一般的に、世帯主宛にまとめて郵送されるのが普通です。急な病気やケガ、または治療を継続中などで、保険証をすぐに必要とする場合には、窓口で相談してください（即日交付をしてくれる場合もある）。

会社を辞め、フリーランスになった人は、市区町村の国民健康保険に加入するのが一般的です。しかし、Hさんのように選択肢がある場合には、加入可能な医療保険の内容を比べてみて、自分に得なものを選ぶといいでしょう。

4・継続中の病気の治療は、会社を辞めると国保の保険証が届くまでは自費になる

私（Hさん・1項〜3項参照）は妻と相談し、退職後は住んでいる市の国民健康保険に加入することにしました。手続きに必要な書類（健康保険資格喪失証明書）はすでに会社に頼んであります。書類をもらったら、すぐに加入手続きをするつもりですが、国保の保険証が届くまで手続きから1週間程度かかるそうです。その間に病気やケガをした場合、治療費はどうなりますか。

退職すると、それまで勤めていた会社の健康保険は使えなくなります。会社に保険証を返し忘れたのをいいことに、その保険証で診察や治療を受けるのは違法です。

「国保の保険証って、加入手続きしても、その日にもらえないんですよね」。

「後から、まとめて世帯主宛に郵送されるのが普通だね。けど、継続中の治療や急病

の場合、市役所に相談すれば即日交付してくれることもあるよ」。

「保険証がもらえないときはどうなります？」

「その場合には、加入手続きをしてない場合と同じ。治療費は全額自費だね」。

「うーん、全額自費かあ！　任意継続なら、こんな心配しなくて済むのに……」。

「大丈夫、払いっぱなしにはならないよ。国保は退職日の翌日から資格を取得するから、病院の領収証と診療報酬明細書があれば、支払い後2年間は市区町村に療養費の払戻しを請求できる。むろん自己負担割合分の3割を除いた差額だけどね」。

「そうなんだ。安心しました。でも、払戻しの手続きって、面倒臭そうですね」。

「病院など医療機関で診察や治療を受ける場合は、会社の保険から国保に代わったことを伝えておくといいよ。後から保険証を出せば、自費で払った分も保険扱いで計算し直して清算してくれるところもあるからね」。

国保の加入手続きをした人に、「加入手続き中」と記載したメモを手渡す市区町村もあるようです。保険証が届くまで、このメモを病院に見せればいいでしょう。なお、自費で払った診察料や治療費は自由診療扱いですから、法律で決められた保険診療の金額とは異なる場合もあります。この場合、その7割が戻るわけではありません。

5・国民健康保険の保険料は前年の収入が基準になる

私たち夫婦は共稼ぎですが、加入する医療保険は別々です。世帯主で会社員の私（Iさん・40歳）は会社の健康保険、フリーランスの妻（35歳）は住んでいる市の国民健康保険（国保）でした。

もっとも、私も近々会社を辞め、フリーランスとして独立開業するので、退職後は妻と同じ市の国保に入ります。今まで私の扶養家族だった12歳の娘も一緒です。

ただ、独立当初はほとんど収入が見込めないので、保険料がいくらになるか気にかかります。保険料の計算方法を教えてください。

市区町村の国民健康保険（**国保**）に被扶養者はいません。加入者は全員、被保険者です。国保の保険料は加入者一人一人が負担しますので、Iさん一家（世帯）の場合は12歳の娘さんにも保険料がかかります。

「国保って、子どもからも保険料を取るんですか」。

「国保の保険料は、加入者の収入にかかる「所得割額」と、加入者全員に一律にかかる「均等割額」に分かれてる。収入のない子どもでも均等割額はかかるんだ。生まれたばかりの0歳児でも、国保に加入すれば保険料を取られるよ」。

「赤ちゃんにまで保険料払わせるのって、やりすぎじゃないですか」。

「おいおい、本当に取るわけじゃないよ。あくまで計算上の話さ。実際には、保険料は世帯ごとに加入者全員の分を合計し、それを世帯主が払うことになってる」。

国保の保険料は年度単位（4月～翌年3月）です。加入者の人数、一人一人の年齢と前年の所得（1月～12月）をもとに**世帯単位で計算**します（一人ずつ保険料を計算し、まとめると考えればいい）。保険料は、**①医療保険分の保険料**、**②後期高齢者支援金**、そして**③介護保険分の保険料の合計額**です（次頁計算式参照）。

①～③の保険料は、たとえば東京二三区の場合、どれも**所得割額**と**均等割額**の合計ですが、国保の加入者がいる世帯に一律にかける「**平等割額**」や、世帯所有の不動産（固定資産税評価額）にかける「**資産割額**」を加算する市区町村もあります。なお、介護保険分の保険料は、満40歳～満64歳の加入者以外にはかかりません。

国民健康保険料の計算式（平成30年度）

国民健康保険料＝①医療保険分の保険料
＋②後期高齢者支援金
＋③介護保険分の保険料

0歳～39歳の保険料＝①+②
40歳～64歳の保険料＝①+②+③
65歳～75歳の保険料＝①+②
※65歳以上は介護保険料を別に支払う。

①医療保険分の保険料（＝所得割額+均等割額）

所得割額 ＝加入者全員の 旧ただし書き所得 ×7.32%*	＋	均等割額 ＝39,000円* ×加入者人数

最高限度額　年額58万円*（*は東京都練馬区）
※所得割額、均等割額に加え、平等割額（加入者のいる世帯に一律かける）、資産割額のある自治体もある。

②後期高齢者支援金（＝所得割額+均等割額）

所得割額 ＝加入者全員の 旧ただし書き所得 ×2.22%＊	＋	**均等割額** ＝12,000円＊ ×加入者人数

最高限度額　年額19万円＊（＊は東京都練馬区）

※平等割額、資産割額のある自治体もある。

③介護保険分の保険料（＝所得割額+均等割額）

所得割額 ＝40～64歳の加入者 全員の旧ただし 書き所得×1.61%＊	＋	**均等割額** ＝15,600円＊ ×40～64歳の 加入者人数

最高限度額　年額16万円＊（＊は東京都練馬区）

※平等割額、資産割額のある自治体もある。

※旧ただし書き所得とは、前年の総所得金額、山林所得金額、株式長期（短期）譲渡所得金額などの合計から住民税基礎控除33万円を控除した金額。

この計算式を使って、Iさん一家の年間保険料を計算してみましょう（次頁参照）。ただし、所得割額の料率や均等割額の一人当たりの金額は自治体により異なります。また、平等割額や資産割額のある自治体もあって、ここで計算した保険料はあくまで目安だと考えてください（料率などは各自治体のホームページで公開されている）。

★

①医療保険分と②後期高齢者支援金の保険料は、Iさんと奥さんの「旧ただし書き所得（総所得から33万円を引いた金額）」を使って各自の所得割額を出し、3人分の均等割額を足せば出ます。③介護保険分はIさんだけの負担です。

その合計額（①＋②＋③）がIさん一家の国保の年間保険料で、計76万3383円でした。世帯主のIさんの保険料が57万8385円と、最も多額でしたが、12歳の娘さんも5万1000円の保険料を負担することになります。

なお、国保の保険料は月単位です。国保の保険料は年度（4月～翌年3月）ごとに計算しますので、年度途中で加入した場合の保険料は、**「年間保険料×加入した月から3月までの月数÷12」**の金額です。

国保に加入した場合の保険料が心配なら、一度計算してみたらどうでしょう。

Ｉさん一家の国保の年間保険料は

【各自の収入】娘さんは無収入

Ｉさん　給与総額　680万円

総所得（給与控除後の所得）492万円

妻　総収入　250万円　総所得　120万円

①**医療費分**（所得割額＋均等割額）　51万6,672円

Ｉさん（492万円－33万円）×7.32％＝33万5,988円

妻（120万円－33万円）×7.32％＝６万3,684円

均等割額　３万9,000円×3人＝11万7,000円

②**支援金分**（所得割額＋均等割額）　15万7,212円

Ｉさん（492万円－33万円）×2.22％＝10万1,898円

妻（120万円－33万円）×2.22％＝１万9,314円

均等割額　１万2,000円×3人＝３万6,000円

③**介護保険分**（所得割額＋均等割額）８万9,499円

Ｉさん（492万円－33万円）×1.61％＝７万3,899円

均等割額　１万5,600円×1人＝１万5,600円

Ｉさん一家の年間保険料（①＋②＋③）

７６万３,３８３円

6・国保の保険料は世帯主が払う

私（Jさん・30歳）は会社を辞め、フリーランスとして独立する予定です。しかし、専業主婦の妻（28歳）から、「子ども（2歳）がいるのに健康保険が使えなくなるのは困る」と言われ、退職後、すぐ市役所で国民健康保険の加入手続きをすると、約束しました。仕事の引継ぎや独立の準備に忙しいけど、仕方ありません。ところで、国保の保険料は誰が、どうやって払うのですか。今まで給料天引きだったので、同じような方法があると助かります。

市区町村の国民健康保険（国保）の保険料は、年度ごと（4月～翌年3月）です。世帯単位で計算して（具体的な計算方法は前項参照）、毎年6月頃、市区町村から世帯主に、決定した年間保険料の金額を通知します。その通知書には、銀行やコンビニで保険料を払える「納付書」も同封されているのが普通です。

なお、退職時期の関係で、年度の途中から国保に加入することも珍しくありません。この場合には市区町村から後日、国保の資格取得月から翌年3月までの保険料を計算した年間保険料の金額が、世帯主に通知されます（納める保険料は加入手続きをした月からではないことに注意。次項参照）

「保険料がいくらか、その通知は私宛に届くんですね」。

「世帯主が奥さんなら、奥さん宛に送ってくるよ。保険料の支払い義務は、世帯主にあるからね」。

国保は**世帯単位**だという説明は、これまでに何度もしてきました。

たとえば、国保の加入手続き（**届出**という）は世帯主がすると、国民健康保険法に明記されています（9条1項）。その世帯主には、「家族（世帯にいる国保の被保険者）全員の保険証を自分に渡せ」と、市区町村に要求できる権利があります（同条2項）。

一方、市区町村は保険料を世帯主から徴収できることになっています（76条1項。国民健康保険税の自治体は地方税法703条の4）、世帯主には、国保の家族全員分の保険料の支払い義務（納付義務）があるということです。

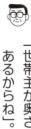

「世帯主が、国保じゃない場合もですか。たとえば、私が会社の保険、妻はフリーランスでそれなりの所得があるから私の保険の扶養家族にはならずに、市の国保に加入しているという場合です」。

「うん。世帯主が国保の加入者でなくても、その世帯に、一人でも市の国保の加入者がいる場合には、保険料の納付書は世帯主に送られてくるんだ」。

「手続きも支払いもさせられるなんて、世帯主って損だなあ」。

国保には、この「**世帯**」という言葉がよく出てきます。その定義について、ここで説明はしませんが、世帯のメンバーや世帯主は、住民登録する際に届出をしており、加入した国保の市区町村の**住民基本台帳**に記載されています。

世帯主が保険料の支払い義務を負うのは、住民基本台帳に、その世帯のメンバーとして記載されている加入者（被保険者）の分だけです。

「そうそう。世帯主が損というのは、誤解だよ」。

「どうしてです。私は独立開業のことで忙しいのに、手続きから支払いまで、一人で全部しなきゃならないんですよ」。

「加入手続きは同一世帯の人なら誰でもできる。奥さんも国保に加入するんだし、代わりに市役所の窓口に行ってくれるよう頼めばいいじゃないか」。

「でも、保険料は今度も私が全額払うんです。納得いかないなあ」。

「その発言は問題だな。夫の稼ぎの半分は妻の内助の功だと認めた裁判例も少なくない。専業主婦の労力も、賃金に換算できるっていうのは、今どき常識だよ」。

ところで、年金生活の人（**公的年金受給者**という）は、国保の保険料を、**特別徴収**といって会社員の給料天引きのように、受け取る年金から自動的に差し引かれます。しかし、ほとんどの国保加入者は通常、通知書に入っている納付書を使って、銀行やコンビニの窓口で払う方法です（**普通徴収**という）。なお、国保の保険料は年度（4月から翌年3月）ごとの計算ですが、実際の支払いは、6月から翌年3月までの毎月、計10回に分けて払います（自治体により9回というところもある）。

「コンビニも使えるのは助かるけど、毎月、窓口で払うなんて面倒ですね」。

「給料天引きってわけにはいかないけど、一々払いに行くのが嫌なら、口座振替にすることはできるよ。それに、一括払いも可能なんだ」。

7・国保は加入が遅れても保険料は遡ってとられる

2か月前、会社を辞めましたが、私（Jさん・前項参照）は退職後も元の仕事の引き継ぎと独立の準備で忙しく、国保の加入手続きが遅れてしまいました。妻も社宅から賃貸マンションに越したばかりで、市役所に行く時間が取れなかったのです。

その間、私たち夫婦も子どもも病気やケガをせずに済んだのは幸いでした。今日、やっと市役所の国民保険課で、国保の加入手続きを済ませホッとしたのですが、窓口の担当者の話では、保険料は私が会社を辞めた月から取ると言います。納得できません。

私たちは、転職などにより別の医療保険に加入する場合を除けば、前の医療保険をやめた日（資格喪失日という）の翌日から14日以内に、住所のある市区町村の国保に加入することになっています。その手続きの届出義務者は世帯主です（国民健康保険法施行規則2条。本章3項参照）。

もっとも、国保の加入期間の扱いは緩やかです。会社の健康保険の任意継続被保険者制度（退職日の翌日から20日以内の手続きが厳守）とは異なり、退職日（**離職日**という）の翌日から14日以内に手続きをしないからといって、国保に加入できなくなるというようなことはありません。国民皆保険の原則があるからです。

「保険証が届いてからしか病院の診察で国保を使えないのに、会社を辞めた月から保険料取るなんて、あんまりですよ」。

「国民皆保険だからね。国保の資格は、医療保険に未加入の期間をなくすため、前の保険をやめた日の翌日から取得することになってるんだ。そのため、保険料も加入手続きをした日からじゃなく、資格を取得した日から取られるってわけさ」。

「でも、退職したのは月の後半。せめて日割りにはしてほしいですよね」。

「残念だけど、日割りもないよ。たった1日でも資格取得日がある月は、まるまる1か月分保険料を取られる。それに、手続きが遅れても国保には加入できるけど、保険料は遡って取られるから、やっぱり早めに手続きした方がいいね」。

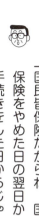

国保の保険料は遡って取られる

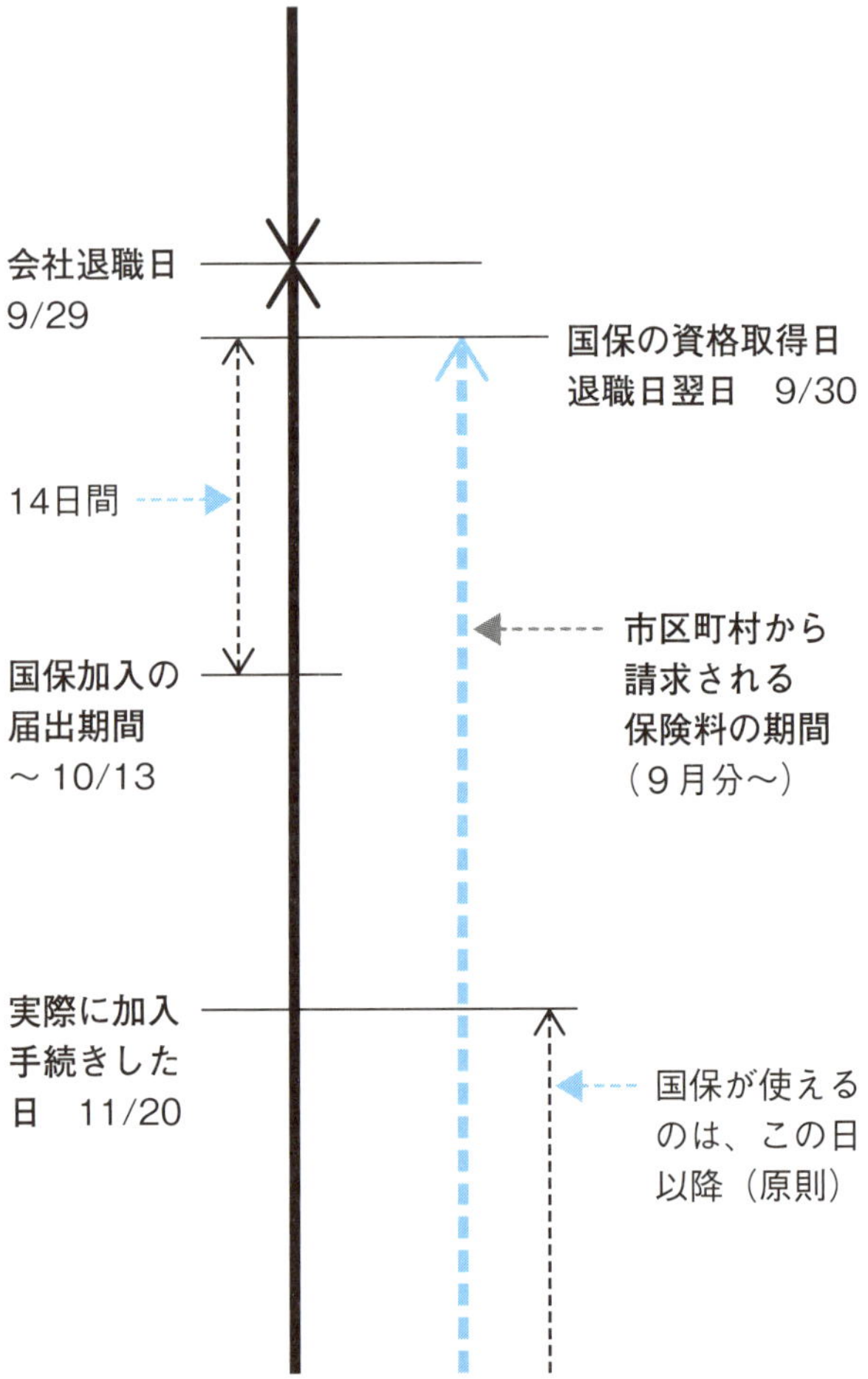

国保の資格は、加入する市区町村のある都道府県に転入した日または他の医療保険をやめた日（資格喪失日）の翌日に取得します（国民健康保険法７条。同一都道府県内の市区町村間の異動でも住民は国保異動の届出が必要）。加入手続きをした日以降でないと国保の保険証はもらえませんが、保険料は加入手続きをした日からではなく、資格を取得した日から取られるのです。しかも、日割りではなく、１日でも資格取得日があれば、まるまる１か月分の保険料を請求されます。

たとえば、Ｊさんが９月29日に退職したとすると、会社の健康保険が使えるのは、その日までです（会社の健康保険の資格喪失日）。Ｊさんとその家族は、翌日９月30日からは、もう会社の保険は使えません。代わりに同日、住所のある市の国保の資格を取得しています（右頁図参照）。ポイントは、ここです。

国保の保険料は月単位で、年度の途中から加入した場合、その資格取得日のある月から計算します。Ｊさんの場合、９月30日の１日だけですが９月中に資格日があったため、９月まるまる１か月分を取られることになったのです。

「元の会社、29日が給料日だから、その日に退職したんですよ。1日でも1か月分の保険料取られるとわかっていれば、キリのいい月末に辞めたのに。トホホ！」。

8・国民健康保険と会社の健康保険は保険給付の内容が違うのか

独立開業した私（Jさん・6項、前項参照）は退職後、住所のある市の国保に妻と子どもと三人で加入しました。最近、田舎にいた母（72歳）も同居して国保の加入者になったので、年間の保険料が5万円ほど高くなるようです。これなら、保険料が変わらない任意継続被保険者制度にした方が得だったかと、悔やんでいます。保険給付も、国保より会社の健康保険の方が得なんですよね。

退職後、市区町村の国民健康保険（国保）に加入するか、それとも任意継続被保険者として、そのまま会社の健康保険を使い続けるか、悩むことがあります。保険料や保険給付の内容が有利な方を選びたいからですが、その選択は意外に難しいのです。

「私の場合、任意継続にした方が得だったんでしょうか」。

フリーランスとして独立開業する準備に忙しい人には、双方の保険内容を比較し、どちらが得かじっくり検討する時間はありません。そのため、Jさんのように後から、「選択ミスだったのでは」と、悩むことも少なくないようです。

では、Jさんは国保を選んで損をしたのでしょうか。保険料を比較してみます。たとえば、Jさんの退職時の報酬月額が29万円、年間の給与総額が348万円だとします。任意継続被保険者なら、標準報酬月額28万円（平成30年度の上限額）ですから、保険料は月額2万7720円（年間33万2640円）です。

一方、国保の年間保険料は、加入者が妻と子どもの三人の場合、33万6740円になります（次頁計算式参照）。この場合、双方の保険料はほとんど変わりません。目安として、給料がこれ以上なら国保の保険料の方が高くなると覚えておいてください。

なお、Jさんの場合、母親が世帯に加わり加入者が四人になったため、均等割額が5万1000円増えました（世帯の年間保険料38万7740円）。任意継続被保険者の保険料は変わりませんから一見損したようにも見えます。しかし、独立したばかりで、彼の今年の所得が前年より下がる可能性も少なくありません。所得が下がれば、国保の保険料は安くなります。任意継続被保険者の保険料は2年間変わりませんから、この場合は国保の方が得だと言えるでしょう。

国保と任意継続被保険者の保険料の比較

●Ｊさん一家の保険料

・退職時の報酬月額　29万円

・標準報酬月額　28万円

・総支給額　348万円（前年度）

・所得控除後の給与所得　225万6,000円

・旧ただし書き所得　192万6,000円

【任意継続被保険者の保険料】　年33万2,640円

28万円×9.9％（東京都）＝27,720円

（計算式は本章２項62頁を参照）

【国保の保険料】　３人の場合：**年33万6,740円**

①医療費保険分保険料（料率：練馬区）

1,926,000円×7.32％＋39,000円×３人＝257,983円

②後期高齢者支援金（料率：練馬区）

1,926,000円×2.22％＋12,000円×３人＝78,757円

③介護保険分保険料　該当者なし＝０円

国保保険料＝①＋②＝33万6,740円

※母親が加入した場合（４人）　38万7,740円

（計算式は本章５項74頁～75頁参照）

次に、保険給付を比べてみましょう。

国保の保険給付には、療養の給付（病気やケガの診察や治療、入院にかかる費用）、高額療養費、高額介護合算療養費、葬祭費、出産一時金、条例などによる自治体独自の付加給付があります（国民健康保険法38条以下）。一方、任意継続被保険者の保険（会社の健康保険）も給付項目は国保とほぼ変わりません。なお、国保にないものとして、傷病手当金、家族療養費、家族埋葬費、家族出産育児一時金などがあり、また健康保険組合や会社ごとに独自の付加給付もあります。

「自己負担、会社の保険では3割でしたが、国保も同じですね」。

「小学校就学前の子どもと70歳以上の高齢者は2割。これも同じ。ただ、自治体の医療助成があるから、子どもは病院にかかっても実質無料ってこともあるんだ」。

どの医療保険でも、加入者が病院など医療機関で診察や治療を受けた場合の病気やケガの治療費の負担（**療養費の支給**という）が、保険給付の一番大事な役割だと言えます。国保も会社の健康保険も、加入者の自己負担割合は原則3割負担ですが（次頁表参照）、未成年者には、ほぼすべての都道府県や市区町村から医療助成が出るので、

国保と会社の健康保険の主な保険給付

●療養の給付（治療費、診察料の負担）
一部負担金（自己負担割合の金額）分を除く金額を加入する医療保険が負担する。
【自己負担割合】国保も会社の健康保険も同じ
・小学校就学前　治療費の２割
・７歳～69歳　治療費の３割
・70歳～74歳　治療費の２割
（現役並み所得のある人は３割）
※未成年の加入者には都道府県や市区町村の医療助成がある（東京23区など療養費の一部負担金が無料の自治体も多い）。助成年齢は、自治体により、小学校就学前、15歳、18歳、22歳までと、様々である。
●出産育児一時金　42万円（国保、協会けんぽ同じ）
●葬祭費　７万円（練馬区。自治体により異なる）
５万円（協会けんぽ）
●傷病手当金（国保にはない）
＊出産手当金と傷病手当金は、「任意継続被保険者制度」の加入者には原則出ない。

（**給付額出典**：東京都練馬区、協会けんぽ）

療養費の自己負担割合があっても、実際には無料（自己負担0円）で病院にかかれる自治体も多いようです（助成対象の年齢や助成金額は自治体により異なる）。

なお、加入者が自己負担した治療費が一定限度額を超えた場合には、その超過分は**高額療養費**として後日、国保は世帯主に、会社の健康保険は被保険者に返されます。これを、**高額療養費の支給**と言いますが、重要な保険給付の一つです。その内容は、国保も会社の健康保険もほとんど変わりません（次頁以下表参照）。

「保険給付で、会社の健康保険にあって、国保にないものってありますか」。

「傷病手当金だね。連続3日以上休んだ加入者に対し、会社の健康保険では4日目から1日分の給与（過去12か月間の標準報酬月額の30分の1）の3分の2を支給することになってるんだ。この保険給付は国保にはないよ」。

「退職後も国保に入らず、引き続き会社の保険だったら、もらえるんですね」。

「傷病手当金は原則、任意継続被保険者には支給されない。出産一時金も同様だ」。

この場合、国保に入っていれば、無条件で出産一時金をもらえます。結局、国保と会社の健康保険、どちらが得か、一概には言えないということです。

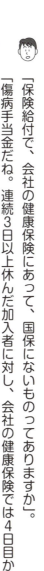

高額療養費の限度額（保険適用分の療養費の一部負担分が下表の限度額を超えた場合、その超過額が高額療養費として、国保は世帯主、会社の健康保険は被保険者に、後日返還＝支給される）

【適用の対象】同じ人が、同じ月内に、同じ医療機関で支払った療養費の合計額

・同じ医療機関でも、歯科と医科など診療科が異なる場合は、別々に合計する。

・医療機関の処方により出した薬局の薬剤費は、同じ療養費として合計できる。

【70歳未満の人の高額療養費の自己負担限度額】　一部負担金が２万1,000円未満の場合は対象外

所　得　区　分 （市区町村の国保）	限度額（世帯全体）		所　得　区　分 （会社の健康保険）
	３回目	４回目	
旧ただし書き所得 901万円超	252,600円 ＋（総医療費10割－842,000円）×１％	140,100円	標準報酬月額 83万円以上
旧ただし書き所得 600万円超～901万円以下	167,400円 ＋（総医療費10割－558,000円）×１％	93,000円	標準報酬月額 53万円以上79万円以下
旧ただし書き所得 210万円超～600万円以下	80,100円 ＋（総医療費10割－267,000円）×１％	44,400円	標準報酬月額 28万円以上50万円以下
旧ただし書き所得 210万円以下	57,600円	44,400円	標準報酬月額 26万円以下
世帯主と国保加入者 全員が住民税非課税	35,400円	24,600円	低所得者（被保険者が 市区町村民税非課税）

【70歳～74歳の人の高額療養費の自己負担限度額】

所　得　区　分（市区町村の国保）	限度額（個人ごと）	限度額（世帯ごと）		所　得　区　分（会社の健康保険）
	外来のみ	外来＋入院		
		３回目まで	４回目以降	
現役並み所得３※	252,600円＋（総医療費10割－842,000円）×1％		140,100円	現役並み所得Ⅲ＊
現役並み所得２※	167,400円＋（総医療費10割－558,000円）×1％		93,000円	現役並み所得Ⅱ＊
現役並み所得１※	80,100円＋（総医療費10割－267,000円）×1％		44,000円	現役並み所得Ⅰ＊
一般	18,000円（年間上限144,000円）	57,600円	44,000円	一般
住民税非課税２※	8,000円	24,600円	24,600円	低所得者Ⅱ
住民税非課税１※	8,000円	15,000円	15,000円	低所得者Ⅰ

※現役並み所得３は住民税課税所得金額690万円以上、２は380万円以上、１は145万円以上ある70歳以上の人が世帯に１人でもいる場合。住民税非課税２は世帯主と国保加入者全員が住民税非課税の世帯で、１はさらに所得が一定基準以下の世帯。

＊現役並み所得Ⅲは標準報酬月額83万円以上、Ⅱは53万円以上79万円以下、Ⅰは28万円以上50万円以下の人が世帯に１人でもいる世帯で、該当者はいずれも高齢受給者証の自己負担割合３割。

【70歳未満、70歳～74歳の人が世帯にいる場合の高額療養費の自己負担限度額】

世帯の高額療養費については70歳未満の表を利用する。

9・共働きなら扶養家族として配偶者の健康保険に入る方法もある

私（Kさん・35歳）は、上司との折り合いが悪く、会社を辞めることになりました。いずれフリーランスとして事業を始めるつもりですが、急な退職で準備が間に合わず、開業まではまだ1年近くかかりそうです。市の国保に加入することも考えましたが、保険料が高いので、共稼ぎの妻の扶養家族になって、彼女の健康保険の被扶養者になろうと思います。

私は、戸籍筆頭者で、世帯主ですが、妻の保険に入れますか。

結論からいうと、Kさんは奥さんの扶養家族（被扶養者）として、彼女の健康保険に加入できます。戸籍筆頭者とか、世帯主とかは、関係ありません。三親等内の親族で、年収が一定の金額未満であることが、健康保険の被扶養者になる条件です。

なお、会社の健康保険は扶養家族が増えても保険料は通常変わりませんが、40歳～

65歳の被扶養者が増えた場合は介護保険分の保険料が増えることがあります。

「私、会社ではそれなりの給料もらっていました。大丈夫ですか」。

「扶養家族になれる年収の条件とは、これから見込まれる収入のことだよ。過去の収入、つまり会社でいくらもらってたかは関係ないんだ」。

「いくらまでならOKですか」。

「通常は、年収130万円未満。そう覚えておけばいいんじゃないかな」。

会社の健康保険の被扶養者になれるのは、次の①～③すべてを満たす場合です。

①その会社の社員（被保険者）の**三親等内の親族**で、主として被保険者の収入により生計（暮らし）を維持する者（健康保険法3条7項）

直系尊属（父母、祖父母）、配偶者（夫または妻）、子、孫、兄弟姉妹、以外の親族は、被保険者と同居していることが条件です。

②**年収130万円未満**（60歳以上または障害者は180万円未満）の者で、その金額が家族の年収の2分の1未満であること（被保険者と同居の場合）

③被保険者が会社（事業主）に届け出て、健康保険組合などが**被扶養者と認定した者**

なお、②については、1か月の収入（連続した3か月の収入の平均額）や雇用保険の失業手当などについても、被扶養者になれない要件が決められており、年収に入る手当の考え方も、かなり複雑です。不明な点があれば会社に確認してください。

「届出って、いつまでにするんですか」。

「5日以内に届け出ることになってるね」。

健康保険の被保険者は、扶養家族ができたときから5日以内に、「健康保険被扶養者異動届」を会社経由で、厚生労働大臣または健康保険組合に提出することになっています（健康保険法施行規則38条）。また、会社が厚生年金の場合、健康保険の被扶養者になった配偶者は、同時に国民年金の第3号被保険者です。会社を通じ年金事務所に「第3号被保険者関係届」が提出されます。

なお、被扶養者の届出に提出する届出書や必要書類は、会社の健康保険を運営する保険者（健康保険組合など）や被扶養者と被保険者の関係によっても若干変わります。具体的な書類や届出書は、個々の会社などで確認してください。

「途中で、私の今年の年収が130万円を超えてしまったら、どうなりますか」。

「健康保険の被扶養者の資格を失うね。奥さんの健康保険は使えなくなるから、市の国民健康保険に加入することになる」。

「妻とは、また別々の保険になるんですね」。

共稼ぎの夫婦など、それぞれに前述の②を超える収入がある場合、一方が相手方の健康保険の被扶養者になることはできません。互いに別々の会社（または共済組合）の健康保険に入るか、一方が会社の保険で他方が国保、または夫婦で同じ国保に入るか、のいずれかで、二人とも被保険者です。

なお、余談ですが、国民健康保険には、市区町村の他、**国民健康保険組合**が保険者として運営するものもあります。医師や理美容師などの個人事業者が業種ごとに組織する国保で、その従業員や家族（同一世帯）も被保険者として加入可能です（国民健康保険法13条）。共稼ぎ夫婦の一方が、この国民健康保険組合に入っていると、相手方は市区町村の国保に加入できません。国民健康保険組合の国保でも市区町村のものでも自由に選べますが、同じ世帯にいる家族は、どちらか一方の国保にしか加入できないのです。

10・初めから会社にしておきたいが社員の健康保険料の半分は負担になる

退職日が決まったので、私（Kさん・前項参照）は仕事の引き継ぎの合間に、残った有給休暇を使って独立後も取引できそうな顧客や銀行に挨拶回りを始めました。ところが、私の個人事業だと知ると、一様に不安を感じるらしく、「会社だったら問題ないんだが」と、新規取引の申し出に対して言葉を濁します。

数人の社員も雇いますし、初めから会社形態にしようかとも考えているのですが、会社にすると、健康保険に加入して、社員の保険料を半分会社で負担しなければなりません。キツイです。

個人事業というと、私たちは一般的に、小さな商店や零細工場を思い浮かべます。その経営内容も株式会社など法人に比べ、どこか不安定というイメージが付きまとうのも事実でしょう。実際、新規取引を申し込んでも、会社ではないというだけで門前払いされた話をよく聞きます。「会社が得」と言われるのは、こんな理由だからです。
しかし、フリーランスとして独立開業する場合、会社（法人）にすると、税務書類などは正式な複式簿記を要求されます（3章3項参照）。また、社員がいれば社会保険（健康保険、厚生年金）にも加入しなければなりません。

「会社にすると、社員が一人でも健康保険にしなきゃいけないんですか」。

「そうなるね。個人事業主は、社員四人以下なら健康保険にする必要はないけど、株式会社などの法人は、社員の人数に関係なく健康保険にしなきゃならないんだ」。

「その場合、保険料はどうなります」。

「法律で、会社は保険料の二分の一以上を負担する、と決まってるよ」。

「ええっ！　取引先や世間に与えるイメージが多少良くなっても、金銭的な負担がそんなに増えるんじゃ、会社にするメリットがあるかどうか、疑問ですね」。

常時五人以上の社員（従業員）を雇っている個人事業で、その事業が、土木建築業、運送業、清掃業、製造加工業、販売業、金融保険業、通信報道事業、教育事業、医療事業、社会福祉事業など法定一六業種の場合には、社会保険（健康保険、厚生年金）

の強制適用事業所として、事業主は社員の生活の安定と福祉のため、健康保険や厚生年金に加入しなければなりません（健康保険法3条3項1号、厚生年金保険法6条）。言い換えれば、社員が四人以下の個人事業主は社会保険に加入する必要はありませんが、会社（法人）の場合には、常時雇用する社員がいれば、その人数に関わらず強制適用事業所になります。

なお、健康保険も厚生年金も、その保険料は、事業主（または会社）と社員が折半する決まりです（健康保険法161条、厚生年金保険法82条）。

「なるほど。会社にしなければ、社員が四人までなら健康保険も厚生年金も加入しなくても済むんですね。急いで会社にする必要はないかな」。

Kさんは、今すぐ会社にするか、個人事業で行くか、その損得を計算し、どうやら法人化を思い止まったようです。たしかに、「会社」にすれば、事業のイメージアップには役立ちますし、取引先や世間の受けはいいかもしれません。しかし、社会保険に関わる事務や手続きは当然増えます。また、資金的な負担も少なくありません。その費用対効果を考えれば、急いで法人化する必要はないでしょう。

11・収入がないので国保の保険料を払えないが

会社を辞めて独立開業しましたが、事業がうまくいかず、売上げが伸びません。資金繰りに困って仕方なく生活費の一部を運転資金に回したため、国保の保険料を滞納してしまいました。市役所から督促の手紙が来たり、留守番電話にも連絡するよう吹き込まれていますが、保険料を払えないので放ってあります。保険を使えなくなったら困りますが、どうすればいいですか。

市区町村の国民健康保険は、国からの補助金と加入者の保険料（保険税の自治体もある）により運営されています。実際には、各都道府県が加入者の納付した保険料を都道府県内の市区町村から集め、それを原資に保険給付をする市区町村に交付するのです。あなたのように保険料を滞納する人が増えたら、結果的に私たちが保険給付を受けられなくなります。

「でも、払えないものは仕方ないでしょう。金入ってこないんだから」。
「保険料を滞納した事情を市役所に連絡し、国保の担当者と話したかい」。
「話したって、どうにもならないでしょう。それとも、負けてくれるんですか」。

「経済的に払えないと正直に事情を話せば、ときには減免してくれることもある。少なくとも、支払方法の緩和や支払いの猶予などの相談には乗ってくれるはずだよ。とにかく、何度も催促が来てるのに放っておくのが一番よくないね」。

「このままだと、どうなります」。
「最後には、市役所が差押えに来るかな」。
「う、うそでしょう！」

国民健康保険の保険料を滞納したくらいで、自治体が住民の個人財産を差押えするなんてありえない、と思っている人は少なくないでしょう。しかし、たとえば東京都練馬区では、平成28年度に約８００件の滞納処分を行ったと公表しています。
最近では、納付期限が過ぎても保険料を払わないでいると、あまり日を開けずに、自治体から委託を受けたという民間業者から、保険料を払うようにと連絡がきます（**催告**という）。これは、国民年金保険料を滞納した場合も同じです。催告されても、支払いも、市区町村への相談もせずに放っておくと督促状が届き、最終的には差押えなどの滞納処分が行われます。

保険料が払えないと思ったら、すぐに市区町村の担当課に相談してください。そのまま保険料を滞納すると、病気やケガの治療に国民健康保険を使えなくなります。

「国保を使えなくなるって、本当ですか」。

「うん。保険料の滞納があると、保険証の切り替えの時に、使える期間の短い保険証（短期被保険者証という）に変えられることもある。それでも保険料を払わないと、保険証を市に返却させられて、病気になっても治療費は全額自費だ」。

「そ、そんなあ！　市役所に行って、支払い待ってもらわないと……」。

この場合には、保険証を返す代わりに、市区町村から「資格証明証」が渡されます。病院など医療機関で病気やケガの治療を受けた場合、窓口では治療費の全額を自費で払うしかありませんが、国保の被保険者としての資格があることを示す証明書なので、窓口で見せれば、自由診療ではなく保険診療の扱いで受けられ、後からその治療費を市区町村に請求できます（特別療養費の支給。請求期間は払った日から2年間）。

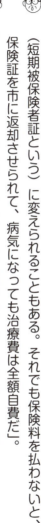

12・会社を辞めたら14日以内に市区町村で国民年金の加入手続きをしよう

私（Lさん・35歳）は来月、会社を辞めて、フリーランスとして独立開業しますが、上司から、「退職したら、すぐ国民健康保険と国民年金の加入手続きをしろよ」と、アドバイスされました。国保の手続きは住んでいる市役所でできるそうですが、年金はどこで手続きするんでしょう。年金事務所ですか。なお、家族は専業主婦の妻（32歳）と小学生の子ども二人です。

本書は、会社員を卒業し、個人での独立開業を目指す**フリーランス一年生**に向けて書かれたものです。この章の前半で解説した国民健康保険（国保）の手続き、そしてこれから紹介する国民年金の手続きは、定年退職して年金生活に入った人、他の会社や職場に転職する人が必要とする知識や手続きとは、必ずしも一致しません。ここで紹介する内容は、主にフリーランスとして次の一歩を踏み出す人に役立つものです。

年金は、私たちの老後を支える大事な仕組みです。日本に住んでいる20歳以上60歳未満の人は、原則全員が国民年金への加入を義務付けられています（**強制加入**・国民年金法7条）。国民年金というと、自営業者や学生などが加入する年金と思いがちですが、実は厚生年金に加入する会社員も、共済年金に入っている公務員や学校の教職員も、20歳以上60歳未満の人は同時に国民年金にも加入しているのです。

「会社員の私も、国民年金の加入者なんですか」。

「厚生年金の加入者は、国民年金の第二号被保険者。その妻や夫で、扶養家族になってる配偶者は、国民年金の第三号被保険者なんだ。ちなみに、自営業者のように国民年金だけに加入している人は、第一号被保険者」。

厚生年金や共済年金は「**二階建ての年金**」と言われますが、その保険料は加入者の報酬（給料、ボーナス）により決まります（雇主と折半で負担）。国民年金の保険料も含まれるため、国民年金だけの人より高額です。その代わり、もらえる年金額は国民年金分（**老齢基礎年金**という）に報酬部分の年金（厚生年金分。**老齢厚生年金**という）を上乗せした額なので、国民年金だけの人よりも、かなり多くもらえます。

また、国民年金だけの人は、保険料の納付やその手続きをすべて自分でしなければなりません。しかし、厚生年金の加入者やその被扶養配偶者は、保険料の徴収や必要な手続きはすべて会社がしてくれます（共済年金も同じ）。これも大きな違いです。

なお、Lさんのように、退職してフリーランスになると、加入する年金は厚生年金から国民年金に変わり、国民年金の第一号被保険者になります（**種別変更**という）。

「じゃあ、厚生年金から国民年金に変わる手続きも、会社がしてくれるんですね」。

「それは違う。会社がしてくれるのは、厚生年金をやめる手続きまで。国民年金の加入手続きは自分でしなきゃならないんだよ」。

「手続きって、どこでするんです。年金事務所とか？」

「住所のある市区町村にすることになってるんだ。国保と同じだよ」。

厚生年金をやめる手続きは会社がしてくれますが、国民年金への加入手続きは退職者本人がしなければなりません。その窓口は市区町村です（次頁図参照）。

「いつまでに手続きしたらいいですか」。

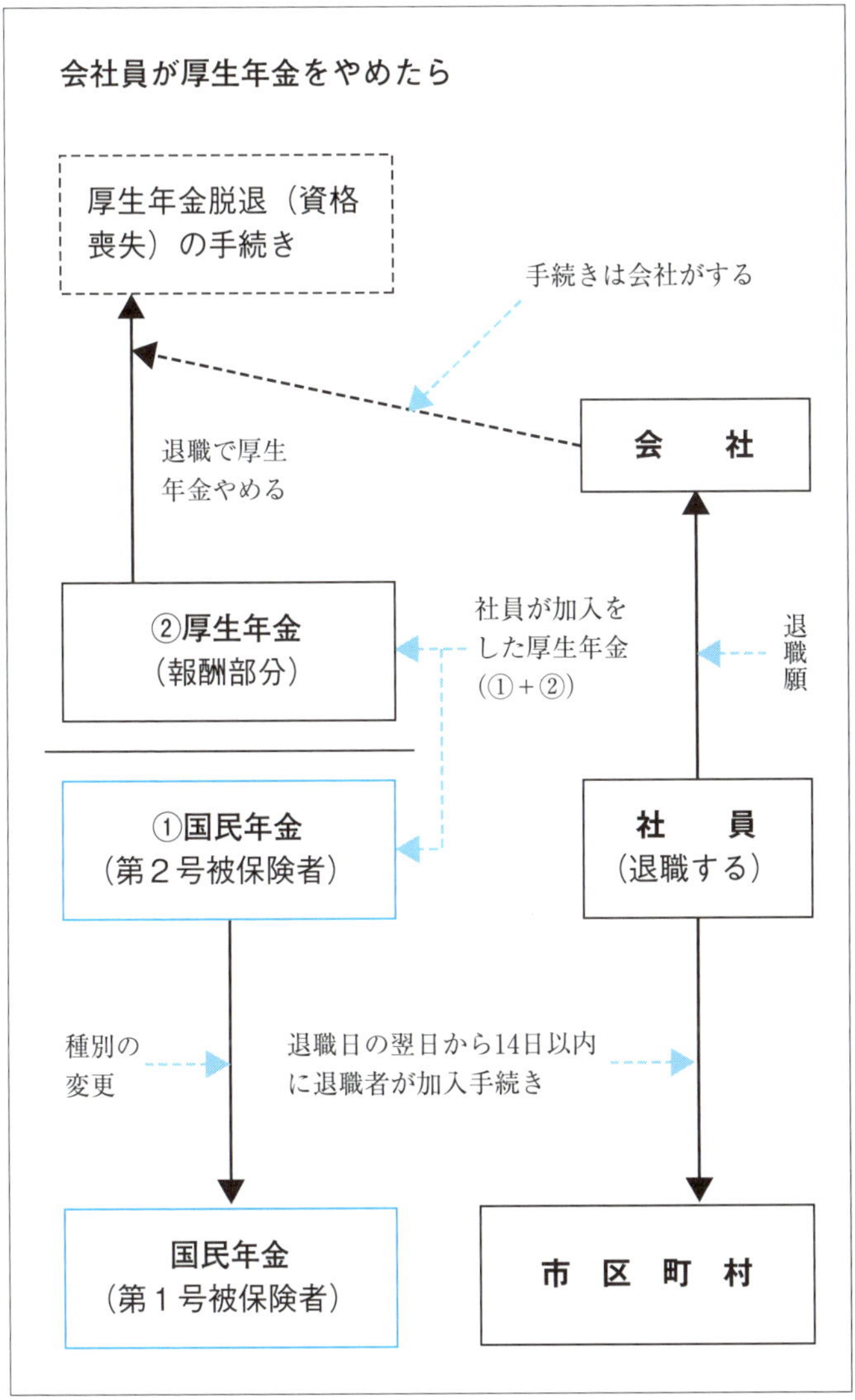
会社員が厚生年金をやめたら
厚生年金脱退（資格喪失）の手続き
手続きは会社がする
会　社
退職で厚生年金やめる
②厚生年金
（報酬部分）
社員が加入をした厚生年金
（①＋②）
退職願
①国民年金
（第２号被保険者）
社　員
（退職する）
種別の変更
退職日の翌日から14日以内に退職者が加入手続き
国民年金
（第１号被保険者）
市　区　町　村

「退職した日の翌日から14日以内にすればいい。国保の加入手続きと一緒にすれば面倒ないんじゃないか」。

「それなら、一度で済むから楽ですね」。

担当窓口（たとえば国民年金課と国民健康保険課など）が違うこともありますが、国民年金の加入手続きも国保の手続きと一緒にすると面倒がありません。最近では、国保の加入手続きに行くと、各市区町村の窓口で担当者が、「年金の手続きもしましたか」と、確認してくれたり、国民年金の加入手続きが必要なことを教えてくれる場合も多いようです。

「ところで、手続きに必要な書類はなんですか」。

「年金手帳と退職証明書など退職した日がわかる書類だね」。

国民年金の加入手続きに必要な書類は、次の①～⑤です。

①**年金手帳**（会社に預けている場合は退職時に返してもらうこと。1章4項参照）

年金手帳を紛失した場合は、会社か年金事務所で再発行の手続きをしてください。

②退職証明書（または資格喪失証明書）

厚生年金をやめた日（退職日。**離職日**という）がわかる証明書で、会社からもらいます。国保の加入手続きと同じなので、流用すればいいでしょう。なお、会社が証明書類をくれない場合、年金事務所などでもらうこともできます（本章3項参照）。

③本人確認書類（運転免許証、パスポート、マイナンバーカードなど）

④本人の個人番号

国民年金の加入には、個人番号が必要です。マイナンバーカードのある人は、本人確認の書類としてマイナンバーカードを持参すれば、これ1点ですみます。

⑤届出する人の本人確認書類（③と同じ）

届出は、国保の加入手続きと同じで、本人以外でもできます。なお、扶養家族の配偶者（第三号被保険者）がいる場合は、その配偶者の年金手帳も必要です（次項）。

「手続きが遅れたらどうなります」。

「最悪、年金保険料未払いで、遅れた分の国民年金がもらえなくなる。もっとも、2年間は遅れた保険料を後から払うこともできるから、心配いらないよ。とにかく会社を辞めたら、できるだけ早く手続きに行くことだね」。

13・退職した人の被扶養配偶者も国民年金の加入手続きを忘れずにしよう

会社を辞めたら、厚生年金から国民年金に変わるので、その手続きが必要なことはわかりました。ところで、私（Lさん・前項参照）の扶養家族だった妻（32歳）は、私が厚生年金をやめると、どうなりますか。

夫の扶養家族の妻（被扶養配偶者という）は、20歳以上60歳未満なら国民年金の第三号被保険者です。**厚生年金の夫が在職中は、**必要な手続きは夫の会社がしてくれ、その保険料は夫が加入する厚生年金保険の負担です（妻は国民年金の保険料を払った扱いになる。夫が扶養家族でも同じ）。しかし、夫がフリーランスになると、その年金は国民年金に変わります。第三号被保険者の妻も、夫の退職後は自分で保険料を払うことになり、国民年金への加入手続きもしなければなりません（次頁図参照）。

夫が退職したら扶養家族の妻の年金は

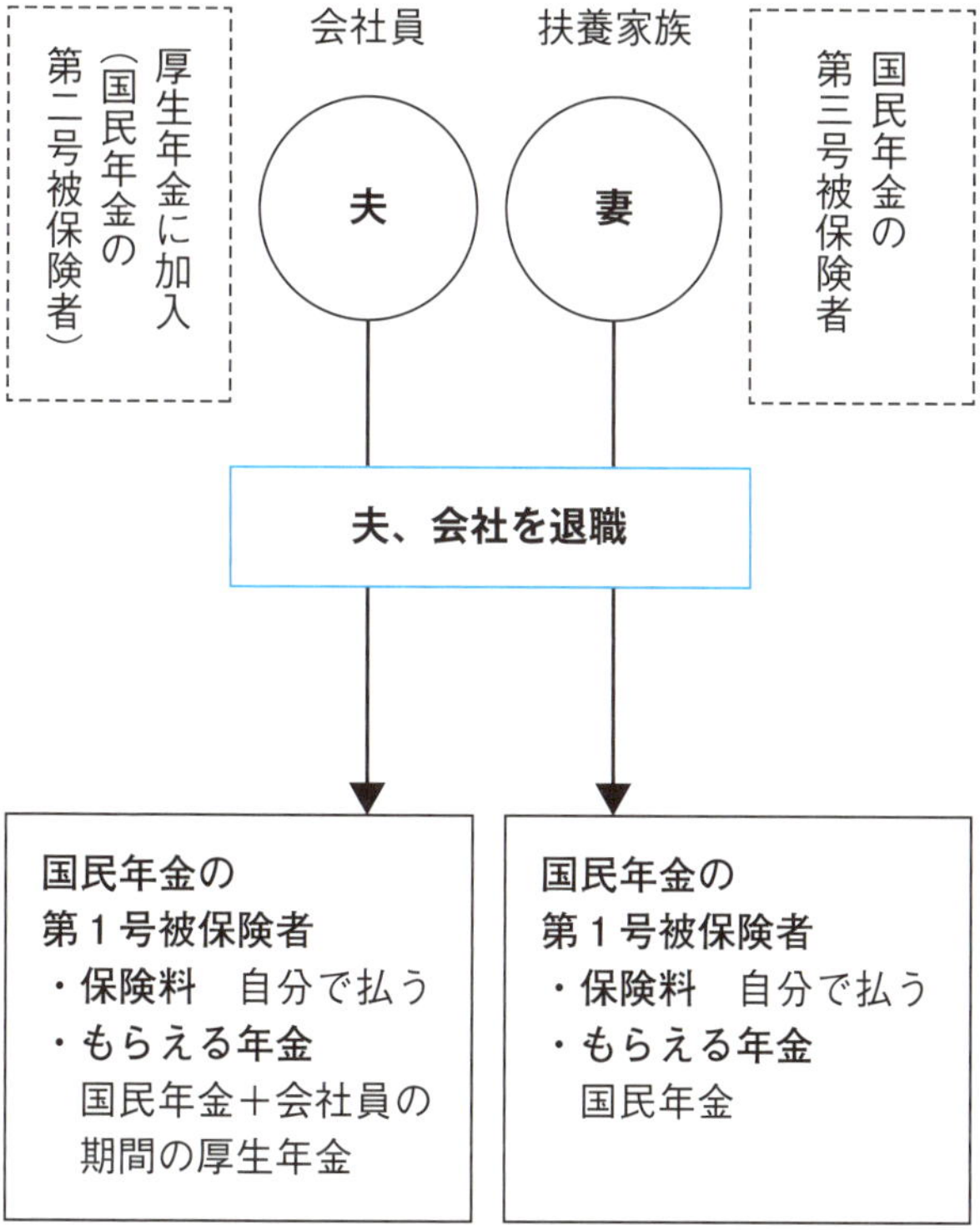

※第3号被保険者の妻の国民年金の加入手続きは、夫の加入手続きと一緒にできる（手続きには、妻の年金手帳、個人番号、本人確認書類が必要）。

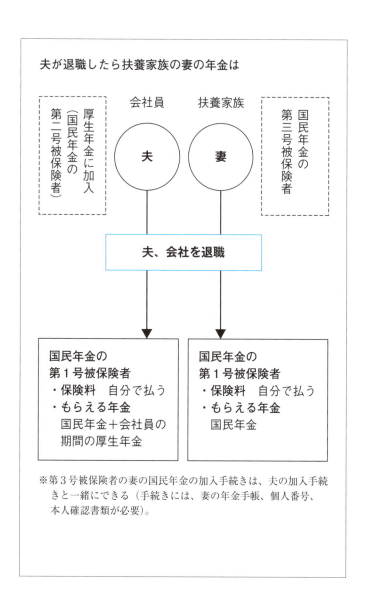

「妻も、改めて国民年金の加入手続きが必要なんですか」。

「あなた同様、住んでいる市区町村の窓口で国民年金の加入手続きをする必要があるね。加入手続きを忘れて年金未加入期間ができないよう、できるだけ夫婦一緒に加入手続きをするのが無難だよ」。

退職者が国民健康保険（国保）の加入手続きをすると、市区町村の窓口では、国民年金の加入についても確認や助言をしてくれることが多いと、前項で説明しました。国保は世帯単位ですから、退職者と同時に国保に加入する世帯員の中に配偶者がいると、最近では同じように配偶者の国民年金加入についても確認や助言をしてくれると聞きます。夫が退職したら、扶養家族の妻も国民年金への加入手続きが必要だということは、覚えておきましょう。第三号被保険者だった妻がこの加入手続きを怠ると、その後は国民年金未加入として扱われ、その分の年金がもらえなくなります（保険料の納付期間が足りずに受給資格が得られず、年金がもらえない事態も起こる）。

この加入手続きを忘れたために年金をもらえない第三号被保険者の悲劇は社会問題になり、近年、救済措置が設けられました。しかし、受け取れる年金額が減ることもあるので、夫の退職後は忘れずに、国民年金への加入手続きをしてください。

「妻の加入手続きには何が必要ですか」。

「奥さんの年金手帳、奥さんの個人番号、それに本人確認の書類かな」。

この他、被扶養配偶者でなくなった日付がわかる（夫の退職日がわかる）証明書が必要ですが、夫婦一緒に手続きをするなら、夫の提出書類で流用できます。

「これからも、妻が扶養家族であることは変わりませんから、保険料は私の分だけ払えばいいんですよね」。

「いや、これからは奥さんも保険料を払わなくちゃいけないよ」。

国民年金だけの加入者は全員が第一号被保険者です。仮に、第三号被保険者だった妻が、これからも夫の収入で生活を送るとしても、扶養家族（被保険者）という扱いにはならないのです。保険料も原則、夫とは別に払う必要があります（保険料は次項参照）。なお、年金受給年齢になった時、夫は国民年金と会社員期間の厚生年金の合計額を年金としてもらえますが、専業主婦だった妻は国民年金しか受け取れません。

14・国民年金の保険料は定額である

私（Lさん・12項、前項参照）も妻も国民年金に加入し、ともに第一号被保険者になることはわかりました。ただ、これからは妻も保険料を払わなければなりません。フリーランスとして働き出したばかりで、二人分の保険料を払えるかどうか不安です。国民年金の保険料って、いくら払うんですか。国保のように昨年の給料が基準なら、とても払えません。

国民年金は、20歳になった月から60歳になる前の月（59歳11月）まで、保険料を40年（480月）間払い続けないと、満額もらえません（厚生年金や共済年金の加入者や被扶養配偶者は、その期間は国民年金保険料を払っている扱い）。生活が苦しくて保険料を払えない場合は、申請すれば保険料を免除してもらえますが、もらえる年金も減額されてしまうのです（保険料の後納により満額もらえる場合もある）。

「国民年金の保険料って、どうやって計算するんですか。やっぱり私の退職前の給料が基準ですか」。

「国民年金の保険料は毎年少しずつ変わることが多いけど、金額は定額。収入の多い人も、そうでない人も、払う金額は同じ」。

「そうなんだ。で、保険料って、いくらですか」。

「今年、平成30年度は、月額1万6340円だね」。

国民年金の保険料は、加入者の給料（標準報酬月額）に掛率をかけて、一人一人の保険料を出す厚生年金とは違い、**定額**です。その金額は通常毎年変わりますが、一般的には4月の初め頃、加入者（第一号被保険者）宛に、その年度（4月〜翌年3月）の保険料額が通知されます。平成30年度は月額1万6340円です。加入者は、通知書に同封されている**納付書**を使って、その期限までに、銀行やコンビニの窓口で毎月の保険料を払えばいいことになっています（**普通徴収**という）。

なお、**前納制度**（半年分、一年分または二年分、保険料をまとめて前払いできる）や**口座振替制度**も利用できますので、毎月払いに行くのは面倒だという人は、これらの制度を使えばいいでしょう（保険料が割引になる）。

国民年金の保険料は定額である

【保険料】 月額１万6,340円（平成30年度）

・普通徴収（納付書、口座振替）

・毎年４月初めに、その年度（４月～翌年３月）の保険料が、日本年金機構から第１号被保険者１人１人に納付書とともに通知される。

【付加保険料】 月400円（支払いは任意）

・200円×支払月数分が、付加年金（年額）として国民年金に加算される。

【保険料納付期間】 20歳以上60歳未満

・年金受給期間に足りない人、満額にならない人は、65歳になる前月まで任意加入できる（高齢任意加入被保険者になる。市区町村で手続き必要）。

【国民年金の保険料を払わないで済む人】

・**第２号被保険者**（会社員、公務員など、厚生年金、共済年金の加入者）給料から天引き

・**第３号被保険者**（第２号の被扶養配偶者）
厚生年金保険、共済組合が保険料を負担

・**保険料免除者**（法定免除者、生活が苦しくて払えない申請免除者、学生納付特例申請者）
保険料の全額、一部免除（年金額は減る）

「生活が苦しくて保険料を払えない場合は、どうなります」。

「失業中など理由があれば、保険料の支払いを免除してくれる免除制度があるよ。市区町村の年金担当課に申請して、認められる必要があるけどね」。

「認められれば、保険料を払わなくてもすむんですね」。

「認められても必ず全額免除というわけじゃない。加入者やその家族の事情により、全額免除、4分の3免除、半額免除、4分の1免除、の4パターンがある」。

保険料が払えないからといって、黙って滞納してはいけません。市区町村の担当課に事情を話して、相談してください。免除申請が認められない場合でも、**保険料納付猶予制度**（20歳以上50歳未満の加入者で本人や配偶者の所得が一定額以下）などの救済措置もあるからです。免除や猶予が認められると、その期間は保険料を納付した扱いになり、納付期間が足りずに年金がもらえないという悲劇は防げます（もらえる年金額は減額される。10年以内なら免除額の追納も可能）。

なお、年金をもらうには、「**受給資格期間**」として、保険料を原則10年（１２０月）以上かけている必要があります。その期間が足りない場合、期間は足りているが満額にならない場合には、保険料を60歳以降（65歳未満）も払えます（前頁表参照）。

15・もらえる年金は会社員時代の厚生年金と退職後にかけた国民年金の合計額

私（Mさん・52歳）は先週、28年間勤めた会社を退職し、個人で事業を始めました。今まで専業主婦だった妻（51歳）が、事務を手伝ってくれるので助かります。今日も市役所に行き、世帯主の私に代わって国保や国民年金の加入手続きをしてきてくれました。ところで、厚生年金だった私と被扶養配偶者だった妻は、国民年金に変わったそうですが、もらえる年金はどうなるんでしょう。家族は他に、大学生の息子（21歳）と高校生の娘（16歳）です。

Mさん一家の場合、家族四人が国民健康保険（国保）の被保険者で、その保険料は世帯主のMさんが負担します。一方、年金については、Mさんも奥さんも国民年金の第一号被保険者になるので、それぞれが保険料を負担しなければなりません（夫婦が実際に、それぞれの財布から別々に保険料を払えということではない）。

なお、21歳の息子さんも国民年金の加入者（被保険者）です。学生なので、保険料は申請すれば支払いが猶予されます（**学生納付特例制度**。本人の所得制限あり）。住所のある市区町村や年金事務所で手続きができますから（在学中の学校でできる場合もある）、忘れずにしてください。手続きには国民年金手帳と在学証明書が必要です。

「厚生年金でも、国民年金でも、どれかの年金制度に10年以上加入していれば、65歳になったら老齢年金をもらえるよ。厚生年金と国民年金の合算でもいい」。

「私は会社の厚生年金に、入社以来28年間加入してました」。

「だったら、年金の受給資格は問題ないね。退職後に、国民年金に加入したそうだから、65歳から老齢基礎年金と老齢厚生年金の両方がもらえるよ」。

「妻はどうでしょう。学生結婚で、その後は専業主婦として、ずっと私の扶養家族だったんです。今から国民年金に加入しても10年になりませんよね」。

「大丈夫。奥さんは国民年金の第三号被保険者だから、その分の保険料はMさんが加入する厚生年金保険がずっと負担してる。老齢基礎年金がもらえるよ」。

年金の加入期間が10年以上あれば、65歳から**老齢年金**をもらえます（次頁表参照）。

年金をもらえる資格、もらえる年金

【年金をもらえる条件】 老齢年金の場合

国民年金、厚生年金などに、10年（120月）以上加入している（受給資格期間がある）こと。

受給資格の10年は、次の期間の合算でもいい。

- ・厚生年金、共済年金の加入期間（脱退手当金などをもらった受給期間は除く）
- ・国民年金の保険料を納めた期間
- ・国民年金の保険料を免除された期間（一部免除で要納付部分の保険料を払わない期間は含めない）
- ・国民年金の第３号被保険者の期間
- ・学生納付特例制度などの承認受けた期間
- ・カラ期間（年金未加入の海外在住期間など。加入期間には合算できるが年金額にはならない）

【老齢年金をもらえる時期】 65歳になった月から

年金をもらうには、請求手続きが必要となる。

【請求窓口】年金事務所、市区町村の年金課

厚生年金の加入歴がある人は年金事務所。

【もらえる年金】　老齢年金（①＋②＋③）

年金額＝①老齢基礎年金＋②老齢厚生年金

①老齢基礎年金　年額779,000円（平成30年度）

・国民年金しか払っていない人は、これのみ。

・満額もらうには40年（480月）間、保険料を払っていることが必要。保険料の一部免除期間は、年金額の２分の１（全額免除）～８分の７（４分の３納付）しかもらえない（平成21年３月以前分は３分の１～６分の５）。

・60歳からの繰上げ支給（請求年齢により年金額が30％～0.5％減額）、70歳までの繰下げ支給（年金額108.4％～142％増額）もできる。

②老齢厚生年金　厚生年金部分、①の上乗せ部分。

・支給開始年齢70歳まで遅らせることが可能。

・在職中は一部支給停止になることもある。

※この他、昭和36年４月１日以前生まれの男性、昭和41年４月１日以前生まれの女性は、60歳～65歳になるまで、「**特別支給の老齢厚生年金**」が支給される（支給開始年齢は生年月日で異なる）。

・厚生年金に１年以上加入が条件。

・65歳になると、老齢厚生年金に変わる。

厚生年金と退職後加入した国民年金の合算で10年でもかまいません。第三号被保険者だった期間やカラ期間も、この期間（受給資格期間）に含めることができます。

もらえる年金は、国民年金にだけ加入していた人は、老齢基礎年金（定額）です。一方、厚生年金（会社員）や共済年金（公務員）の加入者、60歳になる前に退職して国民年金に加入した人の年金は二段階で、老齢基礎年金＋老齢厚生年金（上乗せ分。加入者の給料やボーナスにより異なる）の合計額をもらえます（前頁表参照）。

「年金って、65歳になるまでもらえないんですか」。

「老齢基礎年金は繰上げ申請すれば60歳からもらえるよ。ただし、年金額は30％減額だ。しかも、一度繰り上げたら元に戻せないから、ずっと減額されたまま」。

「もらえるのは、たった7割！　一生それじゃあ、ずいぶん損ですよね」。

繰上げ支給とは逆に、年金をもらい始める（支給開始）時期を遅らせるのが**繰下げ支給**です。最長70歳まで延ばすことができ、もらえる年金額は最大で42％増えます。平均寿命が男女とも80歳を超えた今日、経済的な余裕（別の収入や蓄え）があれば、繰下げ支給の方が得だと言えそうです。もっとも、人間の寿命は本人の思うようにはいきません。これは、あくまで「計算上はそうなる」という仮定の話です。

 「年金は65歳になれば、自動的にもらえるんですか」。

 「自分で請求手続きが必要だ。手続きは、国民年金だけの人は市区町村、それ以外の人は年金事務所にすることになってる」。

65歳になったら、年金の請求手続きをしなければなりません。手続きをしないと、いつまで経っても年金をもらえません。もっとも最近では、受給年齢になる3か月前くらいに、**日本年金機構**から「**年金の受給申請**」についての通知が送られてきます。DMと間違えて捨てないでください（具体的な手続きの仕方が書いてある）。

ところで、「年金をいくらもらえるか」、大いに気になることでしょう。ただ、これから独立開業する人は遠い将来の年金額を心配する前に、まず辞めた会社から「**年金手帳**」が返されたか、会社が厚生年金保険料をキチンと納付していたか、そちらの方を確認するのが優先事項です（1章4項参照）。実際、給料からは年金保険料が天引きされていたのに、会社側が厚生年金保険に保険料を払っていなかったという例もあるのです（この社員は最悪、年金をもらえなくなる場合もある）。

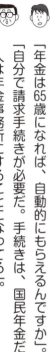

16・年金をいくらもらえるか計算してみよう

実際に年金をもらうのは、まだ13年も先のことです。今はフリーランスとして、独立開業に向けて頑張ることの方が先だということはわかります。でも、私（Mさん・前項参照）も妻も、自分が将来いくら年金をもらえるか、気になります。

自分の年金額を計算する方法はありませんか。

年金をもらう年齢になるのは、まだ先でも、自分がいくら年金をもらえるかは気になるところでしょう。会社を辞め、フリーランスになった人も、厚生年金と国民年金に加入し、保険料を合わせて10年以上払っていれば、65歳から老齢年金（老齢基礎年金＋老齢厚生年金）がもらえることは、前項で説明しました。具体的な計算式は、次頁表のようになります（老齢厚生年金の定額部分、報酬比例部分の計算式は省略）。

もらえる年金の計算方法　(現在65歳未満の人)

老齢年金＝老齢基礎年金＋老齢厚生年金

【国民年金（老齢基礎年金）の計算式】

年金額＝779,300円（平成30年度満額）

$$\times \frac{\text{保険料納付月数＋減免納付月数※}}{\text{加入可能期間（40年×12月）}}$$

※「減免納付月数」は、次の基準で計算します。

（カッコ内は平成21年３月分までの期間に適用）

・保険料全額免除月　1/2（1/3）

・3/4免除月（保険料1/4納付）　5/8（1/2）

・半額免除月（保険料半額納付）　3/4（2/3）

・1/4免除月（保険料3/4納付）　7/8（5/6）

【厚生年金（老齢厚生年金）の計算式】

年金額＝定額部分＋報酬比例部分＋加給年金※

※加給年金は、厚生年金加入期間が20年以上ある加入者が65歳になった時、生計を維持されている65歳未満の配偶者と18歳までの子がいる場合に支給される（配偶者22万4,300円、子１人目・２人目22万4,300円など)。

「保険料の納付月数と加入者の総報酬がわかれば、それぞれの計算式を使って、もらえる年金額を計算することはできるよ」。

「やってみようかな。私でも、できますよね」。

「もちろんさ。年金の計算式は公表されてるからね。ただ、国民年金や厚生年金の定額部分はともかく、厚生年金の報酬比例部分の計算式はちょっと厄介かな。平均標準報酬月額やボーナスを加えた平均標準額を出さないといけないし、再評価率や生年月日に応じた乗率を一覧表から見つけ出すのは面倒だ」。

「もっと簡単な方法ないんですか」。

「ある。日本年金機構のサイトで、年金見込額の試算ができるよ」。

「そんなのがあるなら、早く教えてくださいよ。で、どうすればいいんです」。

「ねんきんネットの年金見込額試算にログインして、指示通りに、職業、年収などを入力するだけ。大まかな年金の見込み額が出てくるよ」。

このサービスを使うには、**基礎年金番号**（年金手帳に記載されている）で登録し、ＩＤを取得する必要があります。ＩＤとパスワードを使えば、年金見込額だけでなく自分の年金加入記録なども、パソコンやスマホで確認できるので便利です。

17・国民年金基金やiDeCoに加入して年金の受取額を増やそう

事業は順調ですが、フリーランスになって厚生年金から国民年金に変わったので、やはり老後が不安です。家族のためにも、少しでも蓄えを増やしたいのですが、銀行預金の利息は微々たるものだし、株式や投資信託、仮想通貨はリスクがあります。
友人から聞いた話では、年金の保険料を余分に払って、もらう金額を増やせる方法があるそうですが、本当ですか。

強制加入の国民年金や厚生年金、共済年金とは違いますが、個人が任意加入できる公的年金や私的年金は確かにあります。**国民年金基金**（国民年金法第10章）と、**個人型確定拠出年金**（iDeCo《イデコ》という。確定拠出年金法）です。

国民年金基金は、自営業やその配偶者など国民年金の第一号被保険者が任意に加入できる公的年金で、住所のある都道府県の基金（**地域型**）と、同じ職種を対象にした基金（職能型）とがあります。

一方のｉＤｅＣｏは、私的年金制度です。国民年金の第一号被保険者だけでなく、他の年金加入者（第二号被保険者）や、その被扶養配偶者（第三号被保険者）も加入できます（ここではフリーランスになった第一号被保険者についてのみ説明する）。

「その年金には、いつでも加入できるんですか」。

「国民年金基金は、20歳以上60歳未満の第一号被保険者なら入れるよ」。

「加入するには、どうすればいいですか」。

「住所のある都道府県の国民年金基金に直接申し込んだらいい」。

加入者（加入員という）の職種を対象とした職能型の国民年金基金がある場合は、そちらに加入することも可能です。また、銀行や生命保険会社など金融機関を通じて基金に申し込むこともできます。

なお、ｉＤｅＣｏも、国民年金の第一号被保険者の加入年齢は国民年金基金と同じです。ただし、加入する場合には、自分で直接、掛金を運用する金融機関に申し込むことになっています（次頁図参照）。

国民年金基金やｉＤｅＣｏに加入すると

【加入資格】国民年金の第１号被保険者
【加入期間】20歳以上60歳未満（国民年金の任意被保険者は60歳以上65歳未満）

↓

【掛金上限】月６万8,000円
（年金基金、ｉＤｅＣｏ合算）

→ 全額社会保険控除

国民年金基金

・地域型基金、職能型基金に加入する
・終身年金２種、確定年金５種から選択自由（１口目終身）

↓

65歳から終身年金受給開始（10年加入）

ｉＤｅＣｏ

・金融機関に申込み
・運用商品（35商品）、運用方法が、自分で選べる（月5,000円以上、1,000円単位）

↓

60歳から老齢給付金を受給（10年加入）

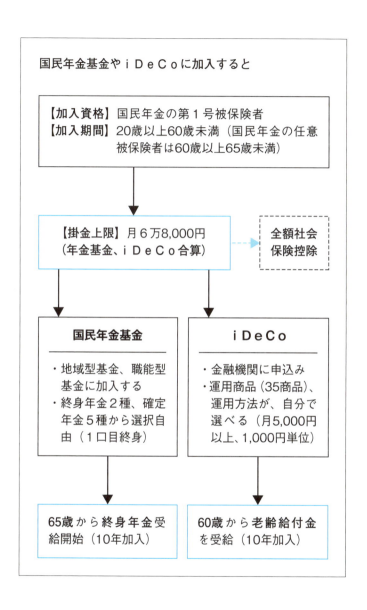

「国民年金基金の他に、ｉＤｅＣｏという年金制度もあるんですね」。

「どちらも、老齢基礎年金に上乗せされる年金だね。加入することで、厚生年金のように二階建てになるってわけ。もちろん、両方に加入することもできるんだよ」

「違いはあるんですか」。

「どちらも、自分のライフスタイルにあわせてプランを作れるけど、国民年金基金は加入時に将来もらえる年金額が確定してるんだ。ｉＤｅＣｏの方は、自分の掛金をどの商品に、どれだけ運用するか、その運用方法も自由に決められるけど、年金額は運用益次第だから、当然変動し、最悪元本を下回ることもある」。

国民年金基金は、65歳からもらえる**終身年金**二種類と、もらえる期間が5年～15年の**確定年金**五種類（支給開始60歳と65歳がある）を自由に組み合わせることが可能です（一口目は終身年金）。ただし、加入月の年齢により、将来もらえる一口目の年金額（確定額）と掛金が決まります。たとえば、35歳で加入すると、一口目は年金月額２万円の終身年金です（二口目以降の年金や組合せは自由だが、一口の月額は１万円に下がる）。終身年金Ａ型を選べば掛金は月１万２７１０円になります。しかし、45

歳の人の一口目は、年金月額１万５０００円の終身年金しか選べません（二口目以降は一口５０００円）。掛金は月１万７２３５円と、大幅アップです。

一方、ｉＤｅＣｏは、三五種類の商品から自由に選んで運用できます。金額は月額５０００円から運用ができ、１０００円単位で運用商品の組合せが可能です。

「５０００円からだと、気軽に始められますね。ｉＤｅＣｏにしてみようかな」。

「元本保証ではない商品もあるから、よく調べてから運用商品を決めないと」。

「そ、そうなんだ！　やっぱり、国民年金基金の方がいいかなあ」。

「どちらも、掛金は全額社会保険控除になるから、所得税や住民税の節税になる。資金に余裕があれば、国民年金基金と両方に加入してもいいんじゃないかな」。

掛金の上限は月額６万８０００円です。どちらか一方でも、両方に加入の場合でも、変わりません。掛金は全額社会保険控除になりますし、将来受け取る終身年金や老齢給付金も公的年金控除の対象と、税金面でも優遇されています（ｉＤｅＣｏの運用益は非課税で再投資できる）。老後の安心を考えれば、ぜひ加入したい制度ですが、年金額を増やそうと、掛金を最初からＭＡＸにするのは危険です。

年金のことがわからないときは
市区町村や年金事務所に相談しよう

「年金は難しい」。長年、年金相談をしている専門家でもそう言います。フリーランスになったばかりの人が、国民年金の加入手続きに戸惑ったり、高額な保険料の支払いや将来もらう年金額への不安に悩むのは当然のことです。

年金について、わからないこと、困っていることがあれば、下記の相談先で助言や指導をしてもらったらいいでしょう。一人で悩んでいても解決はしません。

市区町村　国民年金の加入手続き、年金保険料の免除申請など（未加入や保険料滞納は、放っておくと最悪年金をもらえない）

年金事務所　年金加入期間（保険料納付期間）の確認や年金の受給手続きなど

・ねんきんネット

http://www.nenkin.go.jp/n_net/

・ねんきんダイヤル　（TEL）0570－05－1165

月８：30～19：00、火～金８：30～17：15など

第3章

フリーランスの税金について知っておこう

知っておきたい独立開業の税金の手続き

1・会社を辞めてフリーランスになったら税金の申告や納税は自分でしよう

私（Mさん・52歳・2章15項参照）は、28年間勤めた会社を辞め、フリーランスとして独立開業しました。これからは、所得税や住民税の申告も納税も、すべて自分ですることになります。税理士を頼めばいいのですが、知り合いにはいません。経済的な余裕もないので、私か妻が経理事務も税金の手続きもするしかないのですが、どちらも面倒だと聞いているので憂鬱です。

フリーランスになると、それまで勤務先の会社がしてくれていた所得税や住民税の申告や納税手続きは、すべて自分ですることになります。売上高や事業規模によっては、消費税や事業税の申告や納税もしなければなりません。この他にも、税務署への開業届の提出（本章4項参照）や経理帳簿の記載が、個人事業主には義務付けられています。Mさんでなくても、「面倒だなあ」「憂鬱だなあ」と思うでしょう。

もっとも、独立開業したばかりの個人事業主なら、取引相手や入出金の件数もそれほど多くないでしょう。税理士など専門家を頼まなくても、自分たちで税金に関わる事務や手続きができるはずです。必要な手続きの仕方や申告書の書き方などは、税務署のホームページに詳しく紹介されていますし、その内容がわからなければ、窓口や電話相談で聞くこともできます（必要な書式はダウンロードできる）。また、経理帳簿やその記載方法については、複式簿記の会計ソフトが役立つはずです。

「たしかに、ネットでもいろいろ検索できますもんね。話を聞いてもらったら、何だか自分たち夫婦だけで、やれる気がしてきました」。

「経理の事務や税金の手続きが面倒になるのは、領収書の整理や帳簿付を溜めるからだ。毎日、キチンと処理していれば、そんなに大変なことじゃないよ」。

毎日、帳簿を付け、領収書を整理していれば、後々楽だということは、誰でもよくわかっています。しかし、開業したばかりで経理ができる事務員がいない場合、仕事の忙しさにかまけて、ついその処理を後回しにしてしまうのです。税金の申告時期が間近に迫り、慌てて領収証の整理や帳簿付を始めるという人は多いと思います。

経理や税金の事務や手続きが面倒だと思う理由は、存外そんなところにあるのかもしれません。

「会社員を辞めて独立したら、税金の申告や納税はいつするんですか？」

「個人事業の場合も、所得税の対象となる期間は会社員の時と同じ。その年の1月から12月までの1年間。でも、会社員と違って、申告は翌年2月半ばからだね」。

個人の所得税や住民税は、その年の1月から12月までの1年間の所得に対して課税されます。これは、給料から税金を天引きされる会社員も、フリーランスとして個人事業をする人も変わりません。

もっとも、会社員の所得税は**年末調整**といって、その年の12月の給料で清算、納税まで終わらせます。しかし、フリーランスの人は通常、翌年の2月16日から3月15日までの間（休日の関係でその年により若干異なる）に、自分の住所を管轄する税務署で「**確定申告**」して、納税します（次頁図参照）。

会社員の所得税と住民税の支払い時期は

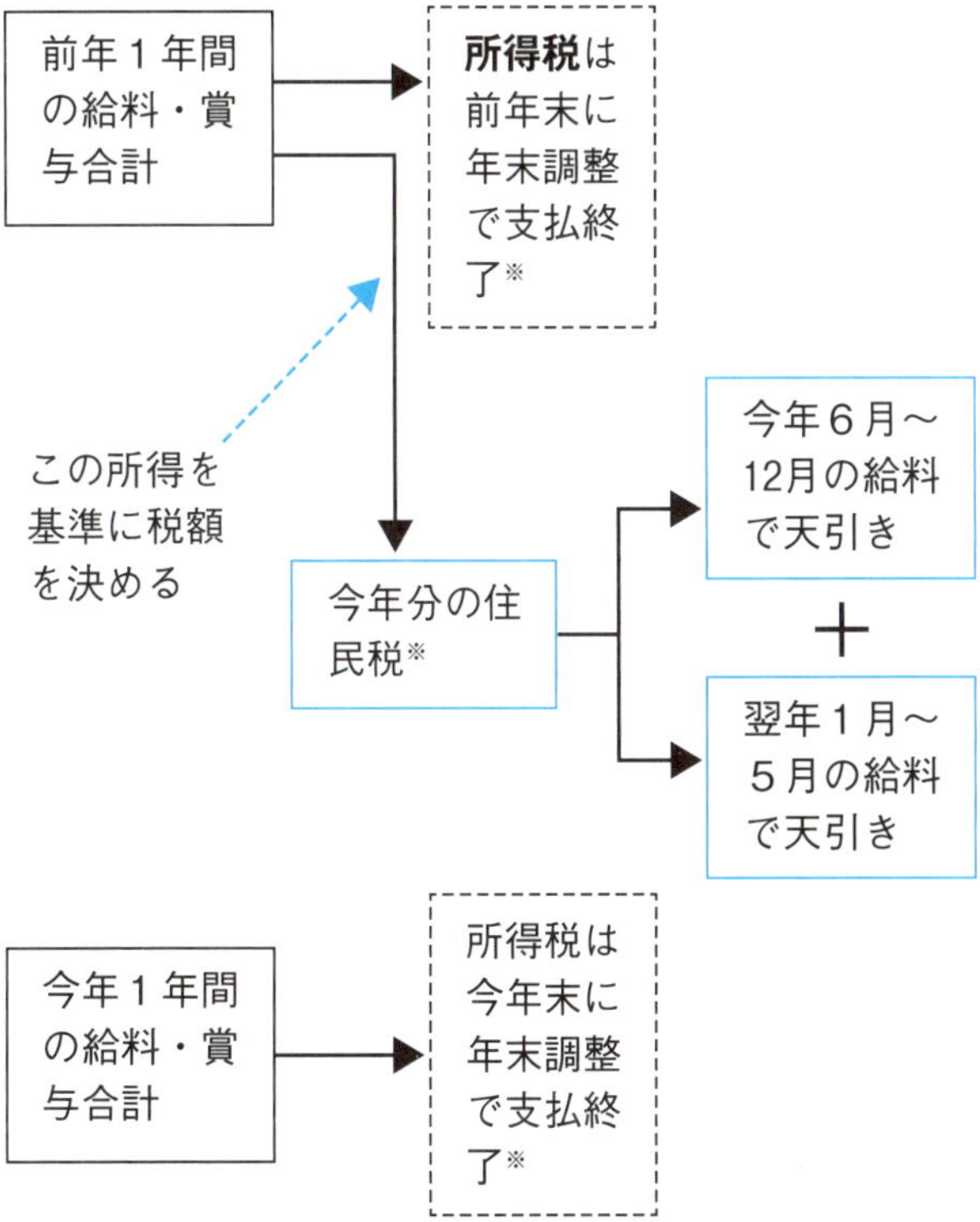

※フリーランスは、２月16日～３月15日の間に前年分の所得の確定申告を行う。確定申告後、所得税を原則一括で納付（分納も可）。住民税は６月以降４回に分けて納付（一括も可）。

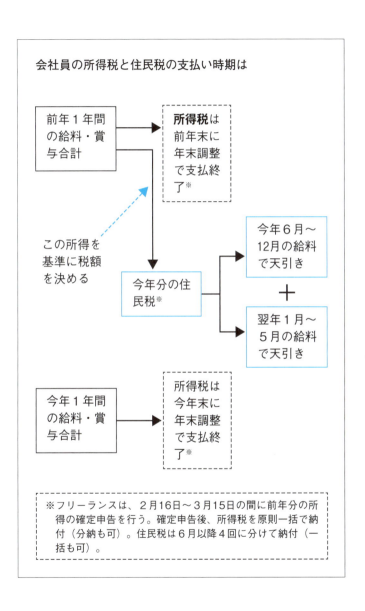

「確定申告ですか……？」

「毎年2月15日頃になると、芸能人やアスリートが各地の税務署の窓口に申告書を出す光景が、ニュースに流れるよね。見たことないかな」。

「ああ、あれ……。でも、申告書とか作るの、難しそうですよね」。

所得税の申告書（「所得税及び復興特別所得税の確定申告書」という）は、専門家に頼まなくても自分たちで作れます。詳しいことは本章8項以下で説明しますが、提出する申告書には、具体的な所得税の計算方法や申告書の書き方などを詳しく解説紹介した「手引き」が付いています。これを見ながら、申告書を書けばいいのです。

また、税金に関する相談は、税務署のホームページや相談コーナー、各地の税務署の窓口などが利用でき、どこでも親切丁寧に教えてもらえます。

「税金は、会社員の時のように毎月払えばいいんですか」。

「分納が認められる場合もあるけど、所得税は通常、確定申告時に一括払い。住民税は年4回に分けて払うことになってる。税金をいつ払えばいいか、その納付時期については、前頁の図を参考にするといいね」。

「あれ？　今年の住民税って、6月から払えばいいんですね」。

「ああ。住民税の金額が決まるのは所得税の確定後だからね。会社員は翌年の5月まで毎月の給料から天引きされるけど、フリーランスは6月、8月、10月、そして翌年1月の4分割で払うんだ。もちろん、一括で払ってもかまわない」。

「私みたいに、その年の途中で会社を辞めた人はどうなります」。

「そういう人は、会社から退職時の源泉徴収票（その年、給料やボーナスで所得税分として天引きされた合計額が書いてある）をもらって、その年フリーランスなどで得た収入を合算して、確定申告すればいい」。

確定した所得税の金額より源泉徴収額が多ければ、その差額は返還されます（**還付**という）。これは会社員と同じですが、その年の途中で退職した人は確定申告をしないと、差額があっても自動的には戻りません（還付の場合は1月から申告が可能）。
なお、確定申告に税務署まで行くのは面倒だという人は、申告書を郵送で送ることもできますし、また事前の登録手続きは必要ですが、インターネットで申告することもできます（**e-Tax**という）。

2・6月前に退職すると、最後の給料から前年度の住民税を一括で天引きされる

私（Nさん・35歳）は先月末で会社を辞めましたが、最後の給料の手取り額が、いつもの月よりかなり少なかったんです。文句を言うと、経理からは「前年度の住民税を一括で天引きしたからだ」と説明されました。所得税や健康保険料など住民税以外の天引き額は、いつもと変わらないのに納得いきません。

Nさんは私の顔を見るなり、こうグチをこぼしました。退職した人が、最後の給料から住民税をまとめて引かれて、「納得いかない」と不満を訴えることは、意外に多いようです。その原因は、住民税の納付期限にあります。

「退職したら、住民税だけ多く引かれるって変じゃないですか」。

「原因は、住民税の天引きが、その年の1月から始まらないことだね。所得税と違っ

て、住民税の天引きは6月から翌年5月まで（前項図参照）。1月から5月までの給料で天引きされてるのは、前年度分の住民税なんだ。そもそも、今年度の住民税がわかるのは、その年の5月頃だからね」。

「そんなに遅いんですか？」

住民税は、「都道府県民税」と「市区町村民税」を合算したものです。会社員（給与所得者）には、毎年5月頃になると、その年の6月から翌年5月までに天引きされる月々の住民税の金額および都道府県民税と市区町村民税の割合が記載された「〇〇年度　**給与所得等に係る特別区民税・都民税　特別徴収税額の決定通知書**（市区町村により名称異なる）」が、会社経由で各人の納税地（通常は住所）の市区町村から送られます。毎月の給料明細の天引き欄に、「住民税」と書かれてるのはこの金額です。

なお、フリーランスや個人事業主など所得税や住民税を特別徴収（給料や年金から天引きする方法）されない人にも、同じ時期に同様の住民税の決定通知書と納付用紙（振込用紙）が届きます。この場合には、自分で納めなければなりません（普通徴収という）。その支払方法は、6月、8月、10月、翌年1月の4回に分けてもいいし、最初に全額を一括で払うことも可能です。

会社を辞めた場合、住民税はどうなるか

会社にいる場合	給料から天引き
4月30日までに退職した場合	退職月から5月分（前年度の住民税）まで退職月に一括天引き
5月中の退職	5月分を天引き
6月1日以降に辞めた場合	普通徴収（一括も可能）

※6月から払う住民税は、その年（今年度）分です。退職してフリーランスになった人は、6月以降、住民税を自分で払うことになります。

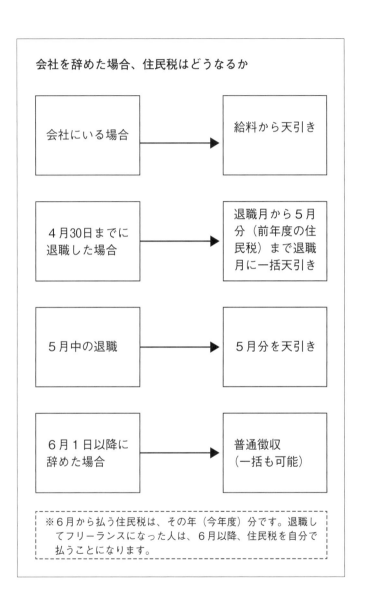

「さて、最後の給料で住民税をたくさん取られたってことだけど、あなたは4月末までに退職してたんじゃないのかな」。

「はい。退職日は1月31日付でした」。

「なるほど。会社員なら、2月から5月の給料で払えばよかった前年度の住民税が、退職したため、その優遇措置がなくなり、残りを一括で徴収されたんだよ。会社は社員の前年度の住民税を徴収する義務があるからね」。

「そんなあ……！　じゃあ辞めるのを、5月まで待てばよかったんですか」。

「住民税の支払いだけで決めればそうなるね。けど、税金をまとめて払いたくないから退職遅らすなんて考えじゃ、独立開業のチャンスを逃しちゃうぞ！」

住民税を天引きされている人は5月1日前に退職すると、5月までの給料で払えばいい「**前年度の住民税**」の残りを一括で払わなければなりません（右頁図参照）。この場合、一般的には最後の給料や退職金から、その金額を天引きされます。

あなたは1月退職なので、2月から5月の4か月分を天引きされたのです。ただし、その退職日が6月1日以降なら、支払義務のある住民税は今年度分（6月から支払う分）なので、一般的には、住民税を給料から差し引かれることはありません。

3・会社を辞めて独立開業するなら青色申告をした方が節税になる

フリーランスになった私（Aさん・40歳・1章1項参照）は、近く初めての事業を立ち上げます。すでに準備を終え、いつでも開業できますが、青色申告にするか、白色申告でいくか、決められません。フリーランスの先輩たちは青色申告が節税になると勧めます。ただ、たった一人の従業員の妻は、電話番やネット注文の整理はできても、正式な簿記の帳簿付けは難しいし面倒だから、簡易な帳簿で済む白色申告にしてくれと強硬です。どちらを選んだらいいでしょうか。

青色申告というのは、所得税の確定申告を「**青色の申告書**」ですることだそうです。所得税法にも、そう書いてあります（法143条）。古い申告書を見ると、平成12年までは欄外に「青色申告用」と注記があり、文字や罫線は青インク（実際には緑色）でした。白色申告は青色申告をしない人の申告方法ですが、印字は茶インクだったと記憶しています。もっとも、今日の申告書はカラフルな多色刷りで、青色申告でも、白色申告でも、事業による所得がある人は、「確定申告書B」を使います（青色申告の場合には、損益計算書、貸借対照表などのある「青色申告決算書」が必要）。

話が脇に逸れましたが、青色申告ができるのは、事業所得、不動産所得、山林所得のある人です。白色申告にはない税法上の優遇制度があるので、節税上も青色申告がベストでしょう。ただ、正規の簿記の原則による記帳や帳簿の備付け、帳簿類の保存が義務付けられていて、その事務の負担は小さくありません。そのため、「青色申告は面倒だし、ゴマかしが効かない」と、意図的に白色申告を選ぶ人もいると聞きます。

もっとも、帳簿付けが面倒かどうかはともかく、「白色申告はゴマかしが効く」との噂は間違いです。個人番号（マイナンバー）の申告書への記載が義務化された今日、白色でも青色でも調べられれば、その人の金の流れや資産の動きはゴマかせません。「白色申告はゴマかせる」という噂は、所得税が、私たち納税者の自己申告によるという申告納税制度が生んだ都市伝説にすぎないのです。

「青色申告だと、たくさん帳簿を揃えなきゃいけないんですよね」。
「貸借対照表と損益計算書の作成が義務付けられているからね」。

Aさんの心配もわかります。青色申告では、貸借対照表や損益計算書の作成のため、取引や資産の動きについて正規の簿記の原則により、決められた帳簿に記帳しなければなりません。正規な簿記とは、複式簿記のことです。また、備付けが必要な帳簿は、仕訳帳や総勘定元帳、補助簿として、現金出納帳や売上帳、仕入帳などがあります（5項参照）。そのすべてを用意し記帳するとしたら、その手間は確かに大変でしょう。

「仕訳帳、総勘定元帳、補助簿……。いったい、どれだけ揃えればいいんですか。妻は複式簿記なんてできませんし、こんなに帳簿付けが大変だと知ったら、税理士頼むか、経理社員雇えって、言われますよ。でも、そんな余裕ないです」。

「まあまあ、そんなに心配しなくても大丈夫だから。小規模な個人事業や一定以下の所得しかない人には、基本的な帳簿だけ揃えればいい簡易帳簿の制度もあるし、より簡単な現金主義による帳簿付けも認められているよ」。

青色申告では、簡易帳簿（現金出納帳、売掛帳、買掛帳、経費帳など）による記帳も認められています。また、前々年分の所得金額が３００万円以下の場合には、より簡単な現金主義による申告も可能です。

青色申告と白色申告のメリット・デメリット

★青色申告★	★白色申告★
【メリット】	【デメリット】
・青色申告特別控除 簡易帳簿10万円 正規簿記65万円 →	・特別控除なし
・青色事業専従者（妻、親族）への給与は全額必要経費に算入 →	・事業専従者給与 配偶者86万円 15歳以上の親族50万円 まで控除できる
・純損失を翌年以降３年間繰り越し、繰り戻しができる →	・繰り越し、繰り戻しできない
【デメリット】…面倒	【メリット】…楽
・正規の簿記の原則（複式簿記）による帳簿の記帳が原則（簡易帳簿や現金主義の特例もある） →	・簡易な方法の記帳認められる（日々の売上げ、仕入は合計も可）

※青色申告による申告、青色事業専従者給与の経費算入は、その年３月15日までに届出が必要。

なお、白色申告の場合も簡易な記帳方法（たとえば取引ごとではなく取引先ごとの合計額でよいなど）が認められているとはいえ、日々の売上げや仕入れなどを帳簿に記帳する義務は変わりません。また、貸借対照表や損益計算書はありませんが、その代わりに、帳簿に基づいて**収支内訳書**を作る必要があります。

たしかに、青色申告の方が、その事務は煩雑で手間がかかるのも事実です。ただ、白色申告と比べ、そのメリットは少なくありません（前頁図参照）。

「青色申告のメリットって、何ですか」。

「節税できることだね。簡易帳簿の場合も10万円の特別控除がある。それに、青色事業専従者給与、ようは奥さんに払う給与は全額経費で落とせるんだ」。

白色申告には特別控除はありません。事業専従者の給与も青色とは違い、配偶者は86万円、親族は50万円までしか控除できないのです。当然、**申告所得は青色の方が低く抑えられ、所得税も安くなります**。また、**住民税も**所得により決まりますから、**青色の方が少なくて済みます**。「青」「白」、どちらにするかは自由ですが、事業主なら、**どちらが節税になるか**を考えるべきでしょう。その答えは、明らかです。

4・フリーランスとして独立開業する人はまず税務署に開業届と青色申告承認申請書を出そう

開業を前に、「青」にするか「白」にするか迷いましたが、妻ともよく話し合い、私（Aさん・前項参照）は、青色申告をすることに決めました。何か手続きが必要ですか。

なお、開業は週明けになります。


会社を辞め、個人で事業を始める人は、これまで給料から天引きされていた所得税や住民税を、自分で申告して納めなければなりません（申告納税制度という）。申告に必要な所得や経費などを正しく把握して納める税金を計算するには、取引など事業に関わる日々の金銭の動きを帳簿に記載し、領収証などを保存する必要があります。

なお、申告方法には、**青色申告**と白色申告（青色申告ではない）があると、前項で説明しましたが、納税者に対する優遇措置の多い「青色申告」を選ぶ場合には、まず税務署に申請手続きをして、その承認をもらう必要があるのです。

「どんな手続きが必要なんですか」。

「税務署に、『所得税の青色申告承認申請書』を出すことになってるね」。

「いつまでに出せばいいんですか」。

「青色申告をしようとする年の3月15日までに提出すればいい。ただし、その年の1月16日以後に開業した場合は、開業日から2か月以内が提出期限だね」。

青色申告を選ぶ場合には、**納税地**（開業する個人の住所のある場所とは限らない）を所轄する税務署長宛に、「**所得税の青色申告承認申請書**」を出さなければなりません（所得税法１４４条。次頁表参照）。申請書は、税務署の窓口でももらえますが、**国税庁のホームページからダウンロード**もできます。税務署に持参する時間がない人は、郵送すればいいでしょう。

なお、その年（青色申告の承認を受けようとする年）の12月31日までに、税務署から処分の通知がなければ、承認されたということです。

ただし、前々年の所得金額が３００万円以下の小規模事業主で帳簿管理がより簡単な現金式簡易簿記（次項参照）による青色申告を選ぶ場合には、右の申請書ではなく、「**所得税の青色申告承認申請書　現金主義の所得計算による旨の届出書**」で申請して

開業する個人が税務署に出す主な届出

フリーランスとして独立開業した人は、税務署に次のような届出や申請をする必要がある。

【開業届】新しく事業を始めたとき

・**提出期限**　開業（事業開始）から1か月以内

・**提出先**　納税地を所轄する税務署

・**主な記載内容**　納税地、事業主の住所、個人番号、事業概要（具体的に記載）、専従者や社員への給料の支払状況など

【青色申告承認申請書】青色申告をするとき

・**提出期限**　青色をする年の3月15日まで（1月16日以降の開業は2か月以内）

・**提出先**　納税地を所轄する税務署

・**主な記載内容**　納税地、事業主の住所、事務所の所在地、所得の種類（事業所得、不動産所得など）、簿記方式（複式簿記、簡易簿記など）や備付の帳簿類など

【青色事業専従者給与に関する届出書】

配偶者など家族に給料を払うとき。

【所得税の棚卸資産の評価方法・減価償却資産の償却方法の届出書】

減価償却費を定額法(原則)ではなく定率法で計上するとき

ください。

フリーランスとして独立開業した人が、所得税の申告方法として、青色申告と白色申告のどちらを選ぶかは自由です。ただ、税制上の優遇措置は青色申告の方がはるかに恵まれています。たとえば、最高65万円まで認められる**青色申告特別控除**、事業を手伝う配偶者や親族への給料が全額必要経費にできる**青色事業専従者控除**、**純損失の繰越し**などは、青色申告でしか認められません。

帳簿の備付けや簿記方式など面倒な点もありますが、節税に有利な点を考えれば、事業主としては、どちらの申告方法を選べばいいか明白です。言うまでもなく、「白色申告の方がゴマかしが効く」という噂は、陳腐な都市伝説にすぎません。

「青色申告をする場合は、事前に税務署に申請が必要なことはわかりました。これ以外にも、税務署に届け出なければならない手続きがありますか」。

「あるよ。青色申告をする人が、奥さんや家族に給料を払ったり、社員を雇ってる場合には、青色申告の申請とは別に、届出が必要だね」。

「けっこう面倒ですね」。

青色事業専従者控除を利用する場合は、青色申告の申請とは別に、「**青色事業専従者給与に関する届出書**」も提出しなければなりません。

「それに、新たに開業した個人事業主は、『開業届』を税務署に出すことになってるんだ。その手続きも忘れないようにね」。

「給料に関する届出に、開業届ですか。青色にするの、よそうかなあ」。

「青でも白でも、開業届を出すことは同じ。新しく事業を始めた時から１か月以内に届け出ることになってるんだ」。

フリーランスとして独立開業した人は、開業から１か月以内に「開業届」を納税地の税務署長に提出しなければなりません（所得税法２２９条。１５１頁表参照）。この届出書も各税務署の窓口でもらうか、国税庁のホームページからダウンロードすればいいでしょう。青色申告を選択する人は一緒に届け出ると面倒がありません。

なお、Ａさんのように個人で新しく事業を始める場合、開業届や青色申告承認申請書の他にも、税法上必要な届出や手続きが少なくありません。事前に、納税地の税務署で、必要な手続きや提出書類などについて相談することをお勧めします。

5・青色申告にしたときでも備付けの帳簿は少なくしよう

私（Aさん・3項、前項参照）は結局、節税効果のある青色申告にしました。ただ、税理士や経理社員を雇う余裕はありません。人の話では、青色申告する場合は、かなり多くの帳簿を備え付ける必要があるそうです。どんな帳簿を備え付けたらいいですか。

青色申告は、所得税だけでなく、住民税も節税できることは前項で説明しました。ただ、そのためには、次のような条件を満たさなければなりません。

①**青色申告承認申請書の提出**（税務署の承認が条件）
②**正規の簿記の原則による記帳**（複式簿記により取引や事業の資産の動きを記帳）
③**決められた帳簿の備付けと保存**・など

「青色申告に決めましたが、どんな帳簿を備え付けたらいいんでしょうか」。

「具体的な帳簿は、業種や事業規模により異なるけど、基本的な帳簿は次頁表の①のようなものかな」。

「こ、こんなに！　無理ですよ」。

「すまん、すまん！　ちょっと驚かせたかな。実は、簡易帳簿による記帳でもいいことになってるんだ。その場合、備え付けるのは表の②の５つの帳簿だけ」。

「これなら、なんとかできそうです。でも、簡易帳簿にしても、青色申告特別控除などの税制の優遇措置を受けられるんですか」。

「たしかに、この帳簿だけでは、受けられる青色申告特別控除は原則10万円まで。でも、大丈夫。債権債務等記入帳を追加すれば、最高額65万円を控除できるよ」。

この他、現金主義による所得計算の特例（前々年度の所得金額３００万円以下の人に適用）を使う人も65万円の青色申告特別控除は受けられません（最高10万円までの控除は受けられる）。青色申告の申請をする際、申請書には自分が備え付ける帳簿類を記入する欄があります。どんな書類を備え付けたらいいか、いくらの青色申告特別控除が受けられるか、わからなければ税務署の窓口で相談したらいいでしょう。

なお、白色申告の人も、収入や必要経費の帳簿は必要です（保存期間７年）。

青色申告で備え付ける帳簿類

青色申告をする人は、決められた帳簿を備え付け、複式簿記など正規の簿記の原則により記帳する必要があります。

①青色申告する人が備え付ける基本的な帳簿

（最高65万円の青色申告特別控除が受けられる）

【主要簿】保存期間７年

・総勘定元帳（勘定科目ごとに、取引日、取引相手、金額を記載する）

・仕訳帳（取引の発生順に、取引年月日、取引内容、勘定科目、金額を記載）

【補助簿】保存期間原則７年

・現金出納帳（現金の出し入れを取引順に記載）

・当座預金出納帳

・小口現金出納帳

・売上帳　・仕入帳

・受取手形記入帳　・支払手形記入帳

・商品有高帳

・売掛金元帳　・買掛金元帳

・固定資産台帳

②簡易帳簿（業種により帳簿が異なる）保存期間７年
（青色申告特別控除額は原則、最高10万円まで）
・現金出納帳
・売掛帳（取引先ごとに掛売り、売掛金回収を記載）
・買掛帳（仕入先ごとに掛買い、買掛金支払いを記載）
・経費帳（租税公課、水道光熱費、旅費交通費、給料賃金など、仕入れ以外の業務上の経費を記載）
・固定資産台帳（減価償却資産の取得売却などの動きを資産ごと、個別に記載する）
※最高65万円の控除を受けるためには、この他に、預金出納帳や手形記入帳などの債権債務等記入帳も備え付ける必要があります。

③現金式簡易帳簿（青色申告特別控除最高10万円）
・現金式簡易帳簿（領収書や通帳の入出金など日々の資金の動きを現金ベースで記入。家計簿と同じ）
・月別総括表（１か月分の各決算項目のまとめ）
※この帳簿による青色申告ができるのは、前々年度の所得金額が300万円以下の小規模事業主で、「所得税の青色申告承認申請書（兼） 現金主義の所得計算による旨の届出書」を税務署に提出し、承認された人。

（出典：国税庁資料）

6・税務署をどこにするかは意外に重要である?

個人で事業を始めますが、私（Oさん・45歳）は自宅とは別に、ビジネス街にオフィスを借りました。オフィスは自宅の隣県にあるので、確定申告もそちらの税務署にするつもりです。
ところが、経理担当の妻は近いので、自宅の方の税務署にしろと言います。たしかに、自宅でも仕事はしますが、私としては自宅のある住宅街よりビジネス街の方が、税務署が必要経費を認めてくれそうな気がするのですが。

個人事業主が所得税の確定申告をする場所（納税地という）は、その住所地（住民登録をしている場所）、居所（住所地以外で生活する場所）、または事業地のいずれかであれば、事業主が原則自由に決められます（所得税法15条、16条、18条）。後は、その地を所轄する税務署に開業届や所得税の青色申告承認申請書を出すだけです。

Oさんの場合、自宅のある住所地、オフィスのある事業地、どちらを納税地としてもかまいません。ただ、その選択の基準は少々不純ですし、誤解もあるようです。

「ビジネス街の税務署の方が節税には有利じゃないんですか」。

「たとえば、事業主向けの説明会が多いとか、個人事業の申告に関わる手続きの周知、という面では、住宅街の税務署よりも便利かもしれないね。ただ、国税庁や各税務署のホームページでは、納税者向けの情報を常に発信してるし、ネット相談も受け付けているから、どこの税務署で申告しても違いはないと思うよ」。

「でも、必要経費とか、ビジネス街の税務署の方が、より多く認めてくれるんじゃないですか。住宅街の税務署は、細かくチェックしてあまり認めないって……」。

「その手の話はよく聞く。ビジネス街は納税者が多いからチェックが甘いとか」。

「でしょう！　違うんですか？」

「どちらも、都市伝説だね。どこの税務署でも、必要経費として認めるかどうかの判断基準は同じ。経費算入を否認されたケースの多くは、家族の買物や外食代まで必要経費として落とそうとしたような場合だよ」

必要経費になる支出や所得控除できる損失などは、税法や通達で細かく決められています。どの税務署も、その基準に従って納税者の申告書をチェックするので、俗にいう「目こぼし」や忖度は、まずありません。また、確定申告の時期は、申告の窓口に他部署から人員が補充されます。チェックが甘くなることもないのです。

「なるほど。どこで申告するか、妻ともう一度よく話し合ってみます」。

「それがいいね」。

「そうそう。オフィスで確定申告した場合、住民税はどうなります。まさか、自宅とオフィスの両方で取られるなんてことはないですよね」。

「二重課税にはならないから、心配いらないよ。ただし、住民税を払うのは自宅のある市区町村と都道府県。オフィスのある自治体じゃあない」。

住民税は、確定申告をした年の1月1日に住所のある市区町村と都道府県から課税されます。所得税の納税地を住所地ではなく事業地にした場合、確定申告書に住所地を書く欄があるのは、そのためです（開業届や所得税の青色申告承認申請書にも住所地を書く欄がある）。

7・領収証の整理と現金出納帳の記帳は毎日忘れずにしておこう

青色申告をすることにし、税務署に開業届と青色申告承認申請書を提出しました。その際、簡易帳簿で構わないと言われたのですが、私（Oさん・前項参照）も妻も簿記の経験がないので、どこから手を付けていいかわかりません。まず、何からすればいいですか。

青色申告では、日々の取引内容を帳簿に付けて（**記帳する**という）、それを基に**決算書**（貸借対照表、損益計算書）を作成しなければなりません（次頁図参照）。Oさんの場合は**簡易帳簿**ですから、現金出納帳、売掛帳、買掛帳、経費帳、固定資産税台帳が標準的な帳簿です（5項参照）。

「毎日全部の帳簿を付けるなんて、時間的にも無理です。休みの日に妻と二人でまとめて書こうと思ってるんですが、それでいいですよね」。

青色申告の決算の流れ

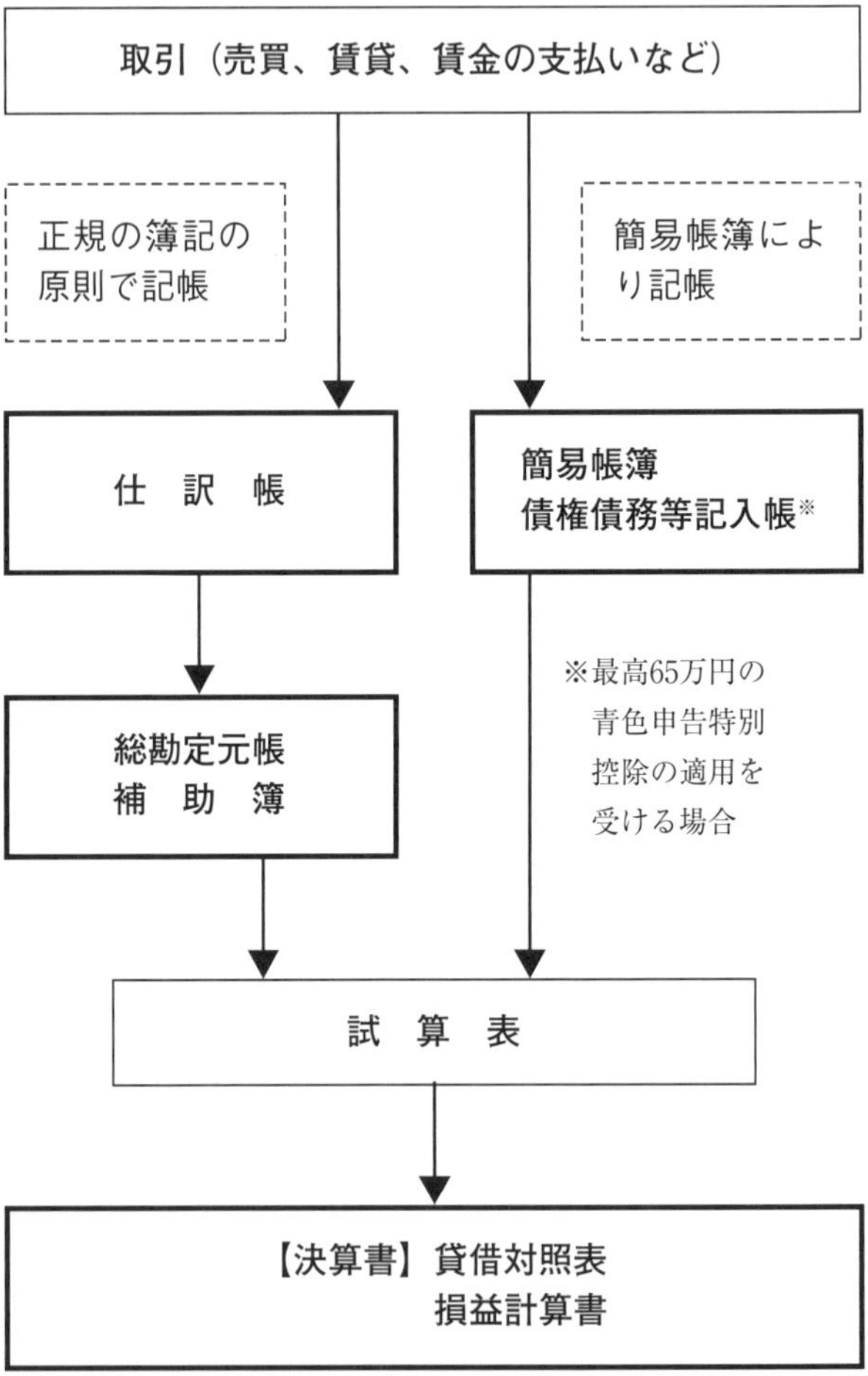
取引（売買、賃貸、賃金の支払いなど）
正規の簿記の原則で記帳
簡易帳簿により記帳
仕　訳　帳
簡易帳簿
債権債務等記入帳※
総勘定元帳
補　助　簿
※最高65万円の青色申告特別控除の適用を受ける場合
試　算　表
【決算書】貸借対照表
損益計算書

「仕方ないだろうね。ただ、現金出納帳だけは毎日忘れずに付けること」。

「現金出納帳って、たしか小遣い帳や家計簿と同じようなものですよね」。

「そう。ようは取引ごとに、その内容と入出金の金額を一つ一つ記帳して、その日の残高を出すだけ。それと、記帳の原因となった領収証や伝票類。これも毎日整理すること。なくならないように、日付順にノートにでも貼り付けておくといいね」。

現金出納帳と、小遣い帳や家計簿の違いは、入金欄が「現金売上」と「その他」に、また出金欄が「現金仕入」と「その他」に分かれているところです。

「でも、結局は他の帳簿も作らなきゃいけないんですよね。面倒だなあ」

「だったら、会計ソフトを使ったらどうかな。ソフトの購入費用や毎年の使用料はかかるけど、パソコンやスマホで取引内容を入力すれば自動的に仕分けしてくれるし、銀行口座やクレジットカードともリンクできるから決算書まで作れるよ」。

「そ、それ、便利ですね。けど、上手く使えるかなあ」。

不安なら、まずは無料のお試しソフトなどを利用したらいいでしょう。

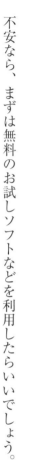

8・青色申告の帳簿付けや申告手続きが面倒なら税理士に頼む方法もある

私（Oさん・6項、前項参照）は妻と二人で、帳簿付けも自分たちでやるつもりでした。開業後の今も、現金出納帳の記帳と領収証や伝票類の整理は、毎日欠かさずしています。しかし、仕事が忙しくなり、他の帳簿類の記帳はまったくできません。経済的に余裕はないのですが、税理士を頼もうかと考えています。税理士を頼む場合のポイントを教えてください。

会社（法人）組織になっていない個人事業でも、事業内容やその規模によっては、税理士など経理・税務のプロに確定申告の手続きや事業の経理事務を任せた方が面倒はなく、効率的です。そのメリットも少なくありません。そのことは、フリーランスとして独立開業したほとんどの人は、わかっているでしょう。ただ、独立当初は経済的な余裕がなく、税理士報酬を払えないという理由で頼まない人も多いのです。

「税理士に知り合いはいません。どうやって探せばいいですか」。

「地元の税理士会や税務署が無料の税務相談してるよね。そこで探すのがいいと思うよ。相談受けてくれた税理士で、気に入った人がいたら頼めばいいんだ」。

無料の税務相談は、市区町村などの自治体、銀行や証券会社など金融機関でもしています。また、知人に税理士を頼んでいる人がいたら、その人に紹介してもらうのも一つの方法です。なお、知り合いにいないからと、名前の売れた税理士、近くに事務所がある税理士のところに、いきなり飛び込みで依頼に行く人がいます。このやり方は、あまり感心しません。

というのも、税理士には、あなたの資産状況、事業内容や業績、それに家族関係も知られるのですから、自分で直接「話して」、「見て」、「感じて」、その上で信頼できると思う人を選ぶべきなのです。

「信頼できるかどうかを見極めるポイントは何ですか」。

「あなたの疑問に誠実に答えてくれること、報酬についてキチンと説明してくれること、自分に頼めば税金を少なくしてやると言わないこと、かな」。

税理士はプロです。当然、依頼者よりも、税務や経理については精通しています。ただ、能力と人柄とは別です。たとえば、作成した申告書に疑問をもった依頼者から説明を求められても、「任せておけばいいんだ」と、不機嫌になり、ろくに説明しない人もいます。こういう横柄な税理士は、たとえ優秀でも、お勧めできません。疑問に対して丁寧に答えてくれる人を選ぶべきです。頼む前に、一度試してみてください。

また、報酬について曖昧な回答しかしない人も避けた方がいいでしょう。トラブルを生じかねません。申告書作成、帳簿整理、それ以外の税務事務、税務相談などと、仕事の内容ごとの料金（報酬）、また出張料や交通費なども細かく説明してくれる人は安心です。申告手続きなどを依頼する場合、契約書を結ぶといいでしょう。

「なるほど。そういう税理士を選べばいいんですね。他にはありますか」。

「うーん！　気が合う人、ウマが合う人を選ぶのがベストかな」。

「ウマが合う」というのは、人間関係においては意外に重要です。趣味やスポーツの人気チームなどが同じだと、仕事以外の話も弾みます。お互い、腹を割った話ができますから、相手の希望や考え方もわかるものです。その結果、依頼者は無理な注文をしなくなりますし、一方の税理士もできないことはできないとハッキリ断れるので、互いにウィンウィンの関係が築けます。

「それに、税理士を頼むメリットって、依頼者側の事務や手続きの手間が減るだけじゃないんだよ」。

「他に、どんなメリットがあるんですか」。

「税理士を頼むと、その報酬は申告書の作成や経理事務の手間賃で、ただ出ていくだけの経費と思っている人が多いよね」。

「違うんですか」。

「実は、税理士に申告を任せると、支払う税金が減ることも多いんだよ」。

「ほ、本当ですか！」

税制上の特例（優遇措置）については、税務署のホームページに掲載したり、ときにはパンフレットなどを送付してくれ、納税者に**周知**（教え広めること）まではしてくれます。ただ、その特例の多くは、納税者全員に自動的に適用されるわけではありません。また、その優遇措置を使うかどうかは、納税者の自由です。しかも、税務署では、実際に申告書を提出する際、「この制度を使うと、もっと税金が安くなりますよ」とは教えてくれません（聞けば教えてくれる）。

一方、税理士は依頼者のために働きますから、可能な限り特例を利用して申告書を作成します。当然、納税者が自分で申告するより、払う税金は安くなるのです。よく「税理士に払った金額ほど所得税が安くならなかった」とボヤく人がいます。これは「目先の損得」にこだわりすぎて、全体的な効果が見えていないからです。

というのは、申告所得が低くなると、その結果、市区町村に払う住民税や健康保険料も低くなります。たしかに、所得税が減った金額だけでは税理士費用をカバーできないかもしれません。ただ、全体として見れば十分お釣りが出る（出費が減る）ことが多いのです。費用対効果を考えると、それなりの収入があるフリーランスの場合、「税理士に申告手続きを頼む方が節税になる」と、言えるでしょう。

★

なお、青色申告をする場合、その手続きの流れは、次のようになります。税理士に帳簿付けから申告まで、すべてを丸投げすることも可能ですが、できれば現金出納帳の記帳と領収証や伝票類の整理は自分でするようにしてください。

青色申告の手続きの流れ

青色申告決算書（事業所得、不動産所得）※

※白色申告の場合は、「収支内訳書」を提出

・**配当所得**（上場株式配当等の支払通知書、特定口座年間取引報告書などを添付）

・**給与所得**（給与所得の源泉徴収票を添付）

・公的年金（公的年金等の源泉徴収票を添付）

＊社会保険料控除は「国民年金保険料控除証明書」添付（国民健康保険料は不要）。医療費控除は「明細書」添付が必要。

↓

申告書を作成（マイナンバー記載忘れずに）

↓

青色申告の確定申告書を税務署に提出

↓

所得税の納付
または**還付**

本人確認のためマイナンバーカードのコピーなどの添付が義務付けられている

9・一定以上の事業所得があると消費税や個人事業税を取られる

会社を定年退職した私（Pさん・63歳）は、自宅を改装し、地元の食材や食品を扱うフードショップを、半年前に開きました。通勤通学路に面しイートインもあるので、そこそこ繁盛しています。このままいけば、１年で売上げ１０００万円も夢ではなさそうです。その話を友人にすると、消費税や事業税を取られると言われました。本当ですか。また、青色申告のように手続きが必要ですか。

退職して個人事業主になった人は、それまで会社がしてくれた所得税の申告手続きや納税、あるいは住民税の納税も自分でしなければなりません。この他、会社員時代にはなかった税金の申告や納税もあります。それが、消費税と個人事業税です。

「事業始めたら、消費税の申告が必要なんですか」。

「確定申告しなきゃいけないのは年間売上高が１０００万円超えた場合だよ」。

「じゃあ、私の場合も、もしかすると……」。

「違う、違う。申告が必要かどうかは、前々年の売上高で決まるんだ」。

「前の前の年っていうと、私はまだ会社勤めしてましたよ」。

「だったら、開業前だから売上げもなし。たとえ、このまま売上高が１０００万円超えても、今年の売上げについては消費税の確定申告をする必要はないよ」。

Ｐさんのような個人事業者で消費税の申告が必要になるのは、**前々年の課税売上高（消費税分を含まない金額）が１０００万円を超えた人**（**消費税課税事業者**という）です（次頁表参照）。Ｐさんに前々年の売上げはありませんから、売上げが１０００万円を超えても、今年の売上げについての消費税は払わなくて済みます。これは、**事業者免税点制度**といって、売上げが１０００万円以下の小規模事業主に配慮して設けられた仕組みですが、言い換えればＰさんのような独立開業した個人事業主は、たとえ開業時からそれ以上の売上げがあっても、開業後２年間は消費税の納付が免除されるということです。なお、新しく課税事業者になった人は税務署に「**消費税課税事業者届出書**」を提出し、消費税と地方消費税の確定申告をする必要があります。

①消費税の申告が必要な事業主と計算式

【申告が必要な事業主（課税事業主）】

・前々年（基準期間）の課税売上高が1,000万円を超えている人→開業後２年間は納付免除）

※1,000万円以下でも前年１月１日～６月30日（特定期間）に1,000万円超の人も課税事業主。

【課税対象期間】１年間（１月～12月）

【申告期間】対象期間の翌年３月末

【消費税の計算式】

納税額＝売上げに係る消費税額（預かった税金）

－仕入れに係る消費税額（払った税金）

＊消費税８％（うち、地方消費税1.7％）

消費税率は2019年10月から10％の予定（酒類および外食除く飲食料品は軽減税率８％）

＊他に簡易課税制度もある。

②個人事業税がかかる事業主と計算式

【個人事業税の対象事業主】

・青色申告特別控除前の事業所得290万円以下の事業主にはかからない。

【事業税の計算式】

個人事業税＝〔事業所得の金額（青色申告特別控除前）－事業主控除(年額290万円)や損失の繰越し控除など各種控除〕×税率

消費税の納税額は、売上げに係る消費税額（預かった税金）から仕入れに係る消費税額（支払った税金）を差し引いた金額です。仕入れより売上げの方が少なければ、多く払った消費税は返ってきます（**還付**という）。

なお、２０１９年10月から、消費税の税率は10％に引き上げられますが、酒類と外食を除く飲食料品には**軽減税率**（８％）が適用されます。イートインのあるＰさんの店では、同じ商品でも、イートインの客には10％、持ち帰る客は８％と、二通りの消費税率を使わなければならないので、かなり面倒です。

「消費税の他に、個人事業税を取られることもあるそうですね」。
「青色申告特別控除前の事業所得が290万円以下なら、かからないよ」。
「所得がそれ以上なら、消費税のように確定申告が必要ですか」。
「住民税と同じで、所得税の確定申告をしていれば、とくに手続きはいらないね」。

個人事業税は地方税法等で定められた業種にかかる税金です。個人事業主は、毎年3月15日までに都道府県の税務事務所に前年の事業所得を申告することになっていますが、所得税の確定申告をした人は、その必要はありません（右頁表参照）。

10・従業員を雇うと税金関係の書類が増える

開業して半年、イートインの利用客が増え、私（Pさん・前項参照）と妻の二人だけで店をやるのはキツくなりました。従業員を一人雇おうと思いますが、給料から所得税の源泉徴収をしなければなりません。税務署には、どんな手続きが必要ですか。

青色申告の場合、配偶者など青色事業専従者の家族に払う給料は、全額必要経費で落とせます。ただし、納税地の所轄税務署に、「**青色事業専従者給与に関する届出書**」を提出しなければなりません。従業員を雇う場合も税務署に届出が必要です。

「どんな届を、いつまでにすればいいですか」。

「従業員を雇ったら、1か月以内に、『給与支払事務所等の開設届出書』を出すことになってるね。提出先は、従業員に給料を払う場所を所轄する税務署だよ」。

Pさんの場合、店（フードショップ）の所在地を所轄する税務署に届け出ることになります。なお、この届出は一度すれば、次から従業員を雇っても再度する必要はありません。また、開業当初から従業員がいて、給料やボーナスなどの支払い状況を「**開業届**」に記載してある場合には、この届出は不要です。

「源泉徴収した所得税は、いつまでに税務署に払えばいいですか」。
「給料日の翌月10日が期限だね」。
「毎月払うのは面倒ですね。半年分ぐらい、まとめて払うことはできませんか」。

従業員の給料から源泉徴収した所得税（復興特別所得税も含む）は、**給料を払った月の翌月10日までに納める**のが原則です。ただし、従業員が10人未満の個人事業の場合、その事業主（**源泉徴収義務者**）は、従業員から源泉徴収した所得税を年2回にまとめて納付できる特例が利用できます。この場合、1月～6月の給料の源泉分は7月10日、7月～12月の源泉分は翌年1月20日が納期限です。

なお、この特例の適用を受けるには、「**源泉所得税の納期の特例の承認に関する申請書**」を税務署に提出し、その承認を受ける必要があります。

税金の納付期限は資金繰りに影響する

税金や買掛金など期日のある債務は、その支払いが遅れると大変です。税金には延滞金が付き、買掛金の場合は取引相手の信頼をなくしてしまいます。

しかし、開業したばかりの個人事業の場合、資金的な余裕がないことも多いでしょう。そんな状況下で、税金の納付期限と買掛金や借入金などの支払日とが重なったら、目も当てられませんよね。

たとえば、所得税の確定申告の期日は３月15日、その延納期限は５月31日です。また、消費税は４月１日、従業員の給料から源泉徴収した所得税は、原則翌月10日が納付期限になっています。

これらの税金の納付期限と重ならないように債務の支払日を設定すれば、資金繰りで慌てる心配もありません。また、その逆に、売掛金など債権の支払期日を税金の納付期限の直前にしておけば、わざわざ納税資金を準備する必要もなくなるのです（相手が遅れずに払ってくれる保証はありませんが）。

いずれにしろ、税金の納付期限を考慮した資金繰りを考えることが重要と言えるでしょう。

第4章

フリーランスで失敗しない「お金」について知っておこう

退職でもらう「お金」、整理する「支出」

1・フリーランスに定年はないが保障もないので サラリーマン以上に老後の蓄えを考えよう

入社して2年半。仕事はつまらないし、上司や職場の人間と上手く付き合えないので、会社を辞めて自分で事業をしようと思います。まだ何をするか決まってませんが、フリーランスなら人間関係を気にする必要もないし、リストラや定年の心配もないでしょう。失業保険でしばらく暮らせるし、明日にでも辞表出すつもりです。何をするかは、それから考えます。

「辞める」「辞めない」は、あなたの自由ですが、このまま独立しても失敗することは目に見えています。少なくとも今は、辞表（退職願）を出す時期ではありません。

「このまま、嫌いな会社で我慢して働けってことですか」。
「そうは言ってない。ただ、退職後のプランもなく辞めるのは無謀だってこと」。

「でも、仕事も会社もつまんないし……。とにかく辞めたいんですよ」。

「入社して、まだ2年半だよね。それで、会社の仕事がつまらないって言い切れるんだ。じゃあ聞くけど、フリーランスになって何がしたいの」。

「そ、それは、まだこれから……。辞めてから考えますよ」。

会社の仕事や職場になじめないからと、後先考えずに退職願を出す人は少なくありません。ただ、別の会社への転職を考えている人はともかく、この相談者のように、漠然とフリーランスとして独立したいと考えている人には、「もう一度考え直しては」と、退職を思いとどまるよう説得をします。少なくとも、「どんな事業をしたいか」、具体的な業種や起業内容が退職時に明確になっていない場合、そのままフリーランスになっても上手くいきません。というのは、十分な準備をして独立開業した人でも、当初は蓄えを切り売りしなければやっていけないのが現実だからです。

「少しは蓄えある？　生活費もかかるし、独立開業には資金も必要だよ」。

「生活費は失業保険で何とかなります。開業資金はこれからバイトで溜めますよ。足りない分は借金すればいいし……。何とかなりますよ」。

「甘いねえ。たとえ失業保険がもらえるにしても、自己都合による退職だと、求職の申込みをしてから4か月は出ないよ。それまで暮らせる?」

「4、4か月! そんなにかかるんですか。辞めたら、すぐバイトしなきゃあ」。

こんな無計画な独立願望では、仮に失業保険（雇用保険という）をもらってる間に「やりたい事業」が見つかり開業にこぎつけたとしても、少し経営が苦しくなると、簡単に投げ出してしまうのではないでしょうか。なお、開業資金に失業保険をアテにする人もいますが、フリーランスとして独立開業（個人事業＝自営業）した人、その準備を始めている人は、失業保険の受給資格がありません（詳しくは3項参照）。

「ところで、フリーランスは人間関係を気にしないで済むと思っているようだね」。

「違うんですか。会社みたいに、嫌な上司や先輩に合わせる必要ないでしょ」。

「その逆さ。会社の肩書で仕事をする会社員と違い、フリーランスの武器は、その人の人間性と仕事のスキルだけ。人間関係はこれまで以上に重要だよ」。

人間関係の重要さは、相手に肩書のない名刺を出してみれば、よくわかります。

「で、でも、フリーランスには、リストラも定年もないでしょう」。

「たしかに、会社の都合で働けなくなることはないね」。

ただし、個人事業には保障はありません。たとえば、年金を考えてみてください。退職してフリーランスになると、厚生年金から国民年金に変わります。60歳を過ぎて独立した人はともかく、若くして独立した人は、国民年金基金やｉＤｅＣｏなどで上乗せをしない限り、もらえる年金額は、ずっと厚生年金に加入していた会社員と比べ、かなり低額です（2章16項、17項参照）。また、事業が上手くいかなくなることも、ままあります。何の保障もないフリーランスは定年を気にせず働ける代わりに、会社員だったとき以上に「老後の蓄え」について考え、準備しなければならないのです。

この章では、フリーランスと「お金」について紹介します。

★

ところで、この相談者は入社2年半と、まだ若いのですから、本気でフリーランスを目指すのであれば、今無理して会社を辞める必要はありません。最近では、副業を認める会社も増えていますし、やりたいことが見つかったら、独立の準備が十分整うまで、社員と副業の「二足のわらじ（「複業」ともいう）」でいけばいいのです。

2・独立開業後、資金繰りに困らないように余裕ある資金計画を事前に作っておこう

退職して個人で起業したいと考えてますが、独立した友人の多くが資金繰りで苦しんでいます。私も退職金の半分と蓄えのほとんどを事業に注ぎ込むつもりですが、資金繰りは楽ではありません。ただ、長年取引のある信用金庫で運転資金が借りれそうで、退職金の残りは当面の生活費といざという場合の蓄えにできそうです。これなら、独立後、資金繰りに困らないと思うのですが。

個人事業主が開業後に資金繰りで苦しむのは、当初の開業資金に手持ち資金の大半を注ぎ込んでしまうからです。事業は順調なのに運転資金が枯渇し、生活費まで事業に回さなければならなくなることも、そう珍しいことではありません。

この相談者のように事業資金と生活費をキチンと分けて資金計画を立て、運転資金を借入れなどで賄えれば、当座の資金繰りに生活費を流用することもないのです。

「友人から、最後の給料と退職金は開業資金に充ててはいけないと言われたと聞きました。でも、退職金を半分注ぎ込まないと起業できません。ダメですか」。

「ご友人に話したのは、初めから手持ち資金すべてを注ぎ込まないと採算が取れない資金計画では上手くいかないという趣旨です。開業後半年から1年分の生活費を別に取ってあれば、退職金を事業に使うことに問題はありません」。

友人というのは、共同経営の相棒が開業直前計画を下りたため、退職金も何もかも注ぎ込まないと起業できないというCさん（1章4項、5項参照）のことです。事業は生き物ですから計画通りに進むとは限りませんが、当初からキツキツで余裕のない資金計画しか作れないようなら、開業後資金繰りに苦しむことは目に見えています。最後の給料や退職金は手元に残し、借入れや第三者からの出資を募るか、それがダメなら、事業の規模縮小や内容変更を考えたらどうかと、助言したのです。

この相談者は、友人の話を参考に資金計画を立てていて、何の問題もありません。

「ところで私、失業保険はもらえないですかね。雇用保険を20年掛けてます」。

「どうかなあ？　ただ、開業前なら、もらえる場合もあるんじゃないかな」。

3・会社を辞めたらハローワークに登録しよう

私（Qさん・40歳）は会社を辞め、個人で独立開業することにしました。ところが、退職日まで後数日になって、新事業の立上げが難しいことがわかったのです。最悪、開業は無理かもしれません。これといって準備を進めていたわけではないので、多額の出費など損失はありませんが、今さら退職の撤回もできません。私としては最悪の事態に備え、退職後は、再就職の求職活動もするつもりです。失業保険ももらえませんか。

会社員のほとんどは、雇用保険（失業保険という方がわかりやすい）の加入者（被保険者）です。失業して収入がなくなった場合、再就職が決まるまでの間、この保険から求職者給付（主として基本手当）がもらえます（加入期間と離職時の年齢などにより90日〜360日支給。雇用保険法10条）。

ただし、誠実かつ熱心に求職活動をするなど就職への努力を怠らないことが受給の条件です（法10条の2）。たとえば、病気やケガ、育児や介護で、すぐには働けない（就職できない）人や、働く（就職する）意思のない人は、雇用保険の被保険者期間が足りていても、失業保険を受け取れません。また、働く意思はあっても、退職後に個人事業（自営という）を始めたり、事業の準備を始めた人も、対象外です。なお、その事業で、まだ収入がなくても、受給資格は認められません。

「じゃあ、独立開業するつもりの私は、失業保険をもらえませんね」。

「そうとは限らないよ。たとえば、開業後に使う事務所を借りれば開業の準備と言えるけど、単に開業プランを考えたり、必要な資金計画を立てて金融機関などに借入れの打診をしたくらいでは、準備行為とは言えないんじゃないのかな」。

まだ事業活動を始めてなくても開業届を出していたり、事実上事業を開始しているような場合は、もちろん失業保険の対象にはなりません。問題は、どこまでが「準備を始めたこと」になるかです。たとえば、事務所の賃貸借契約を済ませたり、従業員を雇えば、開業準備とみなされるでしょう。この場合も、失業保険はもらえません。

　では、開業のプランはできているが、具体的な準備、たとえば資金集めも事務所の場所探しもまだこれからという場合も、「開業の準備段階」と言えるのでしょうか。
　答えは、ＮＯです。Ｑさんのように独立のための退職でも、再就職も視野に入れて真剣に求職活動をする以上、実際に開業を決め、その準備を始めるまでは失業保険をもらえると考えればいいでしょう。

「退職したら、ハローワークで求職の申込みをしておくといいね」。
「どこのハローワークでもいいんですか」。
「失業した人の住所を管轄するハローワークだよ」。

　開業に向けて具体的な準備を始めた人を除けば、独立開業を目指して会社を辞めた人でも、退職後は、とりあえずハローワークで「求職の申込み」をしたらいいと思います。というのは、独立開業を口実に退職しても、必ずしも独立にこだわらない人、また本当の退職理由は違う人（たとえば会社の人間関係に嫌気がさした。１項参照）もいるからです。人の心は変わりやすく、本心もわかりません。退職理由が「起業」だとしても、それだけで「失業保険がもらえない」ということはありません。

失業保険の受給者には、働く意思があり、好条件の再就職先が見つけるために誠実かつ熱心に求職活動するなど、就職への努力義務が課されています（法10条の2）。ちゃんと求職活動をして、自分に合う会社が見つかれば独立開業を止めて再就職するという人は、この条件を満たしています。起業か再就職か、二股をかけることは雇用保険法のいう「不正」ではありません。

「ところで、求職の申込みには、何が必要ですか」。

「雇用保険被保険者証と雇用保険被保険者離職票が必要だね」。

どちらの書類も、元の会社でもらえます。退職前に頼んでおくといいでしょう。

★

この本はフリーランスとして独立開業する人に向けて書かれたものです。失業保険の説明は、不要かもしれません。ただ、退職時には起業すると決めていても、後から気が変わることもあります。起業を止めて再就職先を探す人もいるのです。

そんな読者のために、「求職の申込み」など失業保険の手続きについて、次項以下で簡単に紹介しました。参考にしてください。

4・失業保険は「求職の申込み」をしてからもらえるまで早くても4か月

失業保険をもらうには、私（Qさん・前項参照）の住所を管轄するハローワークで「求職の申込み」をしなければならないのはわかりました。もらえるのは、求職者給付の「基本手当」だそうですね。手続きをしてから、何日ぐらいでもらえますか。

雇用保険に加入する会社員が退職し、失業すると、雇用保険から失業した労働者の生活の安定を図り、再就職支援を目的とした「失業等給付」の支給が受けられます。この失業等給付には、「求職者給付」「就職促進給付」「教育訓練給付」「雇用継続給付」がありますが、私たちが一般的に「失業保険」というのは、求職者給付の一つである「基本手当」のことです（基本手当の具体的な内容は次項参照）。

求職の申込みと基本手当受給の流れ

住所を管轄するハローワーク（以下同じ）
離職者が「**求職の申込み**」→「**受給資格の認定**」

↓ 待機期間（７日間※・手当もらえない）

雇用保険受給者初回説明会
第１回認定日決定（認定日まで28日未満も）
雇用保険受給資格証、失業認定申告書が交付

↓

失業認定日（２回目からは原則４週間ごと）
・失業認定を受ける（前日までの求職活動を失業認定申告書に書いて提出する）

↓

基本手当の支給（原則28日分ごともらえる）
・自己都合退職は待機期間満了日※から３か月間給付制限（もらえるのは申込みから約４か月後）
※待機期間中に就労すると満了日がずれる

求職の申込みと基本手当受給資格の手続き

【申込みの場所】 申込みをする退職者（離職者）の住所を管轄するハローワーク

【求職の申込みに必要な書類】

・雇用保険被保険者証（退職時に会社でもらう）

・求職申込書（ハローワークにある。希望する職種、就業形態や収入、勤務時間などを書く）

【基本手当の受給資格決定に必要な書類】

・雇用保険被保険者離職票（会社を管轄するハローワークが離職理由を判断、会社経由で受け取る。離職者は退職時に内容を確認すること）

・個人番号確認書類（マイナンバーカードなど）

・身元（実在）確認書類（マイナンバーカード、運転免許証、官公所発行の写真付身分証明書など

・写真２枚
（最近の写真、正面上半身、縦3.0cm×横2.5cm）

・印鑑（認印でいい）

・本人名義の預金通帳またはキャッシュカード

※雇用保険の手続きは「求職の申込み」の後、離職票を提出、ハローワークは雇用保険（基本手当）受給要件の有無を確認、受給資格を決定する

「基本手当は、会社を辞めれば誰でももらえるんですか」。

「もらえる資格があるのは、退職前2年間に雇用保険被保険者期間が通算12か月以上ある人（リストラや倒産の場合1年間、通算6か月）。そして、働く意思があり真剣に職探しをしているが、再就職先が見つからない人だけだよ」。

「私の住所を管轄するハローワークで手続きすれば、もらえるんですよね」。

「ただ、あなたのように自己都合退職した人の場合、求職の申込みをしてから実際に基本手当をもらえるまでに、約4か月かかるんだ」。

「そ、そんなに待たされるんですか！」

「その間、ほぼ4週間ごとに来る失業認定日にハローワークに行って、求職活動の様子を詳しく報告、まだ失業状態にあることを認めてもらう必要があるんだよ」。

「失業保険もらうのって、けっこう大変なんですね」。

基本手当をもらうには、住所を管轄するハローワークで「求職の申込み」をして、かつ「基本手当の受給資格の認定手続き」により受給資格の決定を受けることが必要です（189頁図、前頁表参照）。基本手当をいつもらえるかは、離職日ではなく受給資格決定日が基準ですから、退職したら早めにハローワークに行きましょう。

5・独立開業後に失業保険をもらったり請求すると不正受給になる

私（Rさん・55歳）は待遇に不満で、独立開業を理由に30年勤めた会社を退職しました。もっとも、その時点では具体的な計画があったわけではなく、すぐハローワークに登録し、求職活動を始めたのです。ただ、年齢のせいか、好条件の再就職先は見つかりません。「このまま仕事が見つからなかったら」と不安になっていた時、知人から「一緒に起業しないか」と誘われたのです。私はその話に乗り、独立開業を決めました。来月オープンの予定です。でも、ハローワークに、そのことをまだ伝えていません。当初は収入も見込めないので、残りの基本手当をもらおうと考えています。

これは明らかな不正受給です。Rさんは独立開業を決め、すでに準備も整っているので、すでに失業状態ではありません。すぐハローワークに報告してください。

「報告しないで基本手当をもらい続けると、どうなりますか」。

「不正受給した金額の返還を求められ、さらにその額の2倍の納付を命じられるよ。3倍返しってこと。割に合わないだろう」。

基本手当に限らず、いわゆる失業給付を「偽りその他不正の手段」で受給すると、国は、その受給者に対し、支給した額の全額または一部の返還を命じるだけでなく、その額の最高2倍までの金額の納付を命じることができます（雇用保険法10条の4）。Rさんも、失業状態でなくなった事実（開業の事実）を隠して、このまま基本手当をもらい続けると、不正受給で「3倍返し」を命じられるリスクがあることを自覚してください。隠し通せるなどという不確定な期待は持たないことです。

「不正受給がバレたら、開業決める前にもらった基本手当はどうなります。それも3倍返しで返さなきゃいけないんですか」。

「返却を命じられるのは不正受給した分だけ。開業を決める前にもらっている基本手当は返す必要もないし、返せとも言われないから安心していいよ」。

基本手当について

【所定給付日数】（自己都合退職・定年退職）

加入期間		1年未満	10年未満	20年未満	20年以上
全年齢共通		—	90日	120日	150日
就職困難者	45歳未満	150日	300日		
	65歳未満		360日		

【基本手当日額】 １日の支給額（上限額＊あり）

退職前６か月の賃金総額÷180日＝賃金日額

賃金日額の50％～80％※＝基本手当日額＊

※60歳～64歳は賃金日額の45％～80％

＊年齢による上限額（平成30年８月１日現在）

30歳未満6,750円、45歳未満7,495円

60歳未満8,250円、65歳未満7,083円

【基本手当の総額】

基本手当日額×所定給付日数

※第２回の失業認定以降は失業認定（４週間）ごとに基本手当日額の28日分が支給される

雇用保険法では、「偽りその他不正の手段」により基本手当などの求職者給付を受給した場合、または受給しようとした場合には、それ以後の基本手当を支給しないことになっています（法34条）。Rさんの場合、不正受給をしたわけではありませんし、これからすぐ開業することを報告すれば、その日の前日までは失業状態という判断をしてもらえるのではないでしょうか。その日以降の分の基本手当については受給できませんが、前回の失業認定日から前日までの基本手当はもらえます。なお、今までにもらっている基本手当を返す必要はありません。

「失業したままで就職先も決まらなかったら、基本手当は全部でいくらもらえたんですかね。計算方法を教えてくださいよ」。

「計算式は簡単。『1日当たりの基本手当の金額×所定給付日数』で出せる。あなたは今55歳、雇用保険に20年以上加入してるから、もらえる日数は150日分」。

「150日分！　そんなに……」。

基本手当は、**退職の理由**ごと（倒産やリストラによる離職、それ以外の理由による離職＝定年や自己都合退職など）に、その人の**年齢および雇用保険の加入年数**により受け取れる日数（所定給付日数という）が決まっています（１９４頁表参照）。ただ、基本手当をもらえるのは退職した日（離職日）から原則1年間（受給期間という）です。そのため、失業保険の手続き（前項参照）が遅れると、1年を超す日数分の基本手当はもらえなくなります（受給期間が延長される場合もある）。

「基本手当の1日分って、いくらなんですか。定額ですか」。

「基本手当の金額は、その人の退職前6か月の賃金総額を１８０日で割った金額の50%から80%。上限はあるけどね。あなたの場合は最高でも８２５０円かな」。

失業保険は社会保険ですから、余りに高額になることは好ましくありません。そのため、基本手当の1日当たりの金額（基本手当日額という）の上限額は決められています（１９４頁表参照。最低限度も決まっている）。自分が失業保険をいくらもらえるか知りたければ、雇用保険受給者初回説明会でもらった雇用保険受給資格証を見れば、基本手当日額と所定給付日数がわかります。

なお、基本手当外にも、雇用保険には様々な給付や支援措置があります。失業認定日以外にもハローワークに行き、お得な情報をゲットすることです（次頁表参照）。

基本手当以外の失業等給付

求職の申込みをした失業者は、基本手当の他にも次のような給付を雇用保険から受けられます。

【公共職業等訓練の受講】 ハローワークの職業相談で、再就職のため職業訓練が必要と判断された場合には、訓練期間中、**基本手当**の他、受講に必要な手当として、次の２つの**技能習得手当**が支給される。

・**受講手当**（受講日１日当たり５００円、上限２万円）
・**通所手当**（訓練施設への交通費。最高月額42,500円）

また、訓練受講のため家族と別居する場合は、**寄宿手当**（月額10,700円）も支給される。

【傷病手当】 求職の申込み後15日以上傷病で職業に就けない場合、基本手当と同額が支給される。

【就職促進給付】 基本手当の支給期間が、一定以上残っている間に再就職できた場合には、再就職手当や就業手当が支給される。

なお、65歳以上の高年齢被保険者には基本手当の30日または50日分の**高年齢者給付金**が支給される。他にも、再就職する意思のある失業者には様々な支援措置があるので、ハローワークに相談するといい。

6・退職前の残業代や退職金が未払いなら辞めた会社にキチンと請求しよう

会社を辞め独立開業しましたが、退職した会社が最後の給料や過去の残業代、規定の退職金を払ってくれません。請求しても、「そのうち払う」と言うだけで、ラチがあきません。弁護士を頼んだり、裁判を起こす余裕はないのですが、どうしたらいいでしょう。

会社を辞める社員は、会社に返却する備品（制服や社員証、ロッカーの鍵など）を退職日までに整理しておき、会社にも退職時に受け取る書類（健康保険資格喪失証明書、退職日までの源泉徴収票など）を準備してもらっておくと、その受渡しが退職日当日に終了し、後々面倒が起きないと説明しました（1章4項）。それは、最後の給料や未払いの残業代、退職金（労働債権という）も同じです。

しかし、この相談者のように、会社側が退職日（給料日など支払日が決まっている場合は、その支払日）に、給料や退職金などの支払いを怠ることもあります。こんなとき、独立開業した元社員が直接会社に乗り込み、強引に金品を取り立てることは、**自力救済**といって、法律上も許されません。しかし、正式な裁判を起こすとなると、その訴訟費用や弁護士費用もバカにならないのです。

「電話やメールで何度も払ってくれるように頼んでいるのですが、会社は一向に払ってくれません。こんな場合、どうすればいいですか」。

「こういう相手には、内容証明を送り付けたらいいんじゃないかな」。

「内容証明ですか？」

「1枚に書ける文字数や行数は決まってるけど、書き方はネットでも紹介されてるから、それを見ながら書けば難しくないよ。後はコピーを3枚取って相手の宛先を書いた封筒と一緒に郵便局に持って行くだけ。料金も1枚なら1000円程度」。

内容証明は、いつ、誰に、どんな内容の文章を出したか、郵便局（**郵便司**という）が証明してくれます。後々証拠になりますから、電話やメールで支払いの催促をする（**催告**という）より効果的です。督促の内容証明の場合、文章の最後には「期日までに支払いがない場合は法的措置を取る」という趣旨の文言を入れるのが普通ですから、

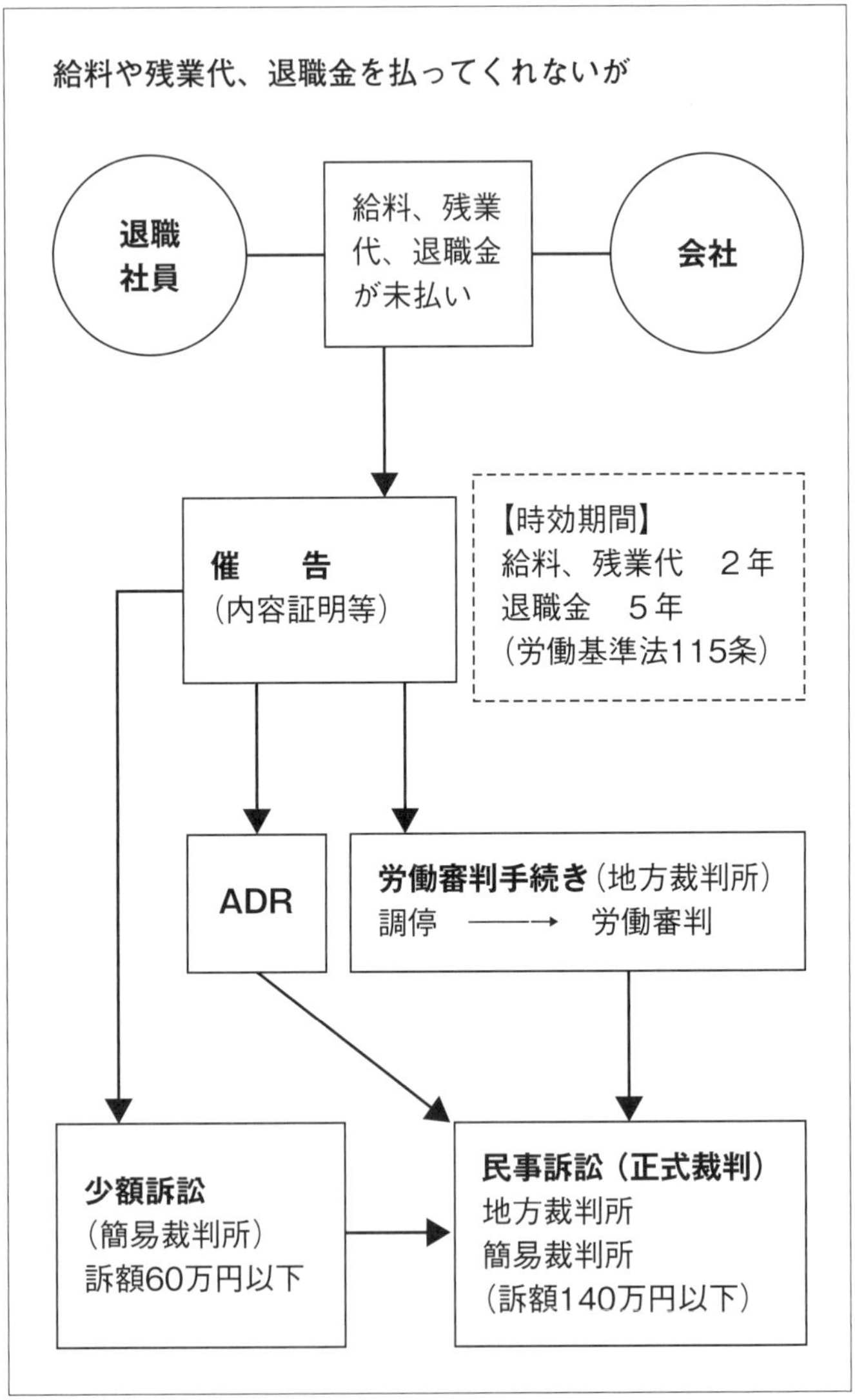

給料や残業代、退職金を払ってくれないが
退職社員
給料、残業代、退職金が未払い
会社
催　告
（内容証明等）
【時効期間】
給料、残業代　2年
退職金　5年
（労働基準法115条）
ADR
労働審判手続き（地方裁判所）
調停　──→　労働審判
少額訴訟
（簡易裁判所）
訴額60万円以下
民事訴訟（正式裁判）
地方裁判所
簡易裁判所
（訴額140万円以下）

相手を心理的に追い詰める効果があります。それまで電話やメールなどで何度返済を求めても、あやふやな返事しか寄こさなかった相手が、内容証明が届いた途端、返済をしたり、示談を申し入れてきたなどという話を聞くことも珍しくありません。

なお、横書きの場合には、1枚の用紙に書ける文字数は、「20字×26行以内」と、**郵便規則**で決められています。

「内容証明を出しただけで、会社に払ってもらえる？　そう上手くいくかなあ」。

「内容証明を出す目的は、相手への心理的効果だけじゃない。内容証明を出せば、時効を半年間遅らせることができるからなんだ」。

「時効？」

「給料や残業代の時効は2年、退職金は5年だからね」。

支払いをズルズル先延ばしにする相談者が退職した会社は、時効により労働債権が消滅するのを狙っているのかもしれません。内容証明を出しても効果がない場合は、労働審判やADR（裁判外紛争解決手続き。話合いによる解決図る。法務大臣の認証を受けた民間の事業者もいる）などを申し立てるといいでしょう（右頁図参照）。

7・退職金や未払いの給料はクビでももらえる

私（Sさん・45歳）は先月、社長の経営方針に反対して、会社をクビになりました。懲戒解雇です。ワンマン社長に楯突いたのですから、仕方ありません。私は処分を受け入れ、退職後は個人で起業するつもりでした。

ただ、怒った社長は、「クビにした人間に払う金はない」と、最後の給料も規定の退職金も払ってくれません。その金がないと、起業どころか、これからの生活にも支障が出ます。

クビの場合、給料や退職金は払ってもらえないんですか。

Sさんのような話は、よく聞きます。結論から言えば、解雇されたからといって、それだけで退職金や給料がもらえなくなるということはありません。ただし、退職金については、会社の就業規則などに「一定年数勤務した社員には退職金を支払う」という趣旨の「退職金規定」や文言（労働契約）がなければ、そもそも請求する権利はないのです。労働時間や給料（賃金）など就業規則に必ず入れなければならない強行規定と違い、退職金規定を設けるかどうかは、会社の裁量に委ねられています（任意規定という。労働基準法89条）。

「辞めた会社には退職金規定がありましたよ。クビにならなければ、私は退職金をもらえたはずです」。

「その規定に、解雇した社員には退職金を払わないって、書いてあったの？」。

「はい。懲戒解雇の場合には退職金を支給しない、とありました」。

退職金規定があっても、「解雇された者には退職金を支払わない」ことが明記されていると、解雇された社員は退職金をもらえません。しかも、解雇者すべてが不払いの対象になるのではなく、「懲戒解雇」された場合に限られます。懲戒解雇になるのは、社員の重大な経歴詐称、長期間の無断欠勤、故意や重大な過失で会社に重大な損害を与えた場合、悪質なセクハラ、地位を利用した賄賂の要求、業務上の機密漏えいなどです。懲戒解雇事由は、厚生労働者の『モデル就業規則』に詳しく例示されてい

クビでも退職金はもらえる

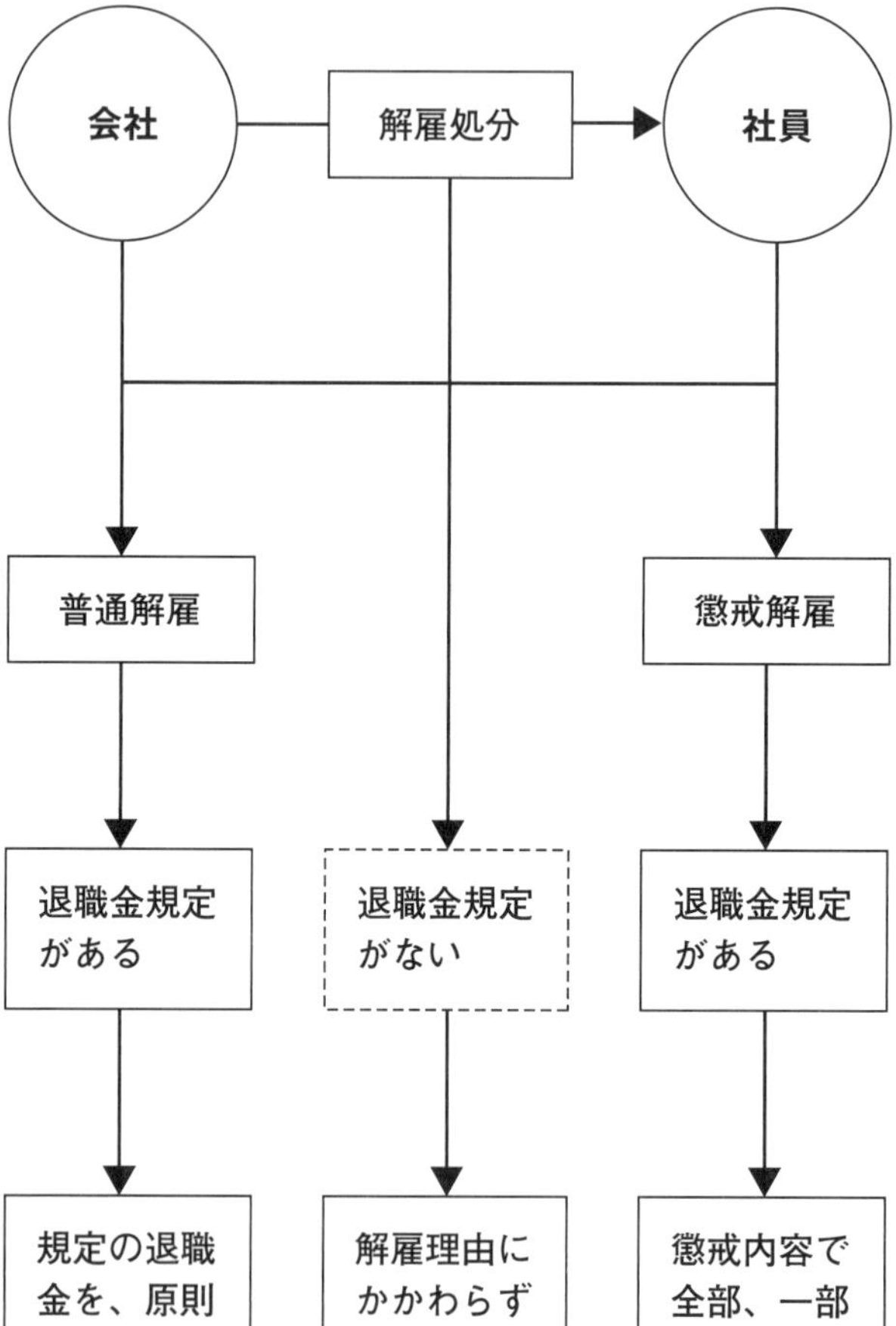

ますので、興味がある人は厚労省のホームページで閲覧してください。

なお、懲戒解雇以外の解雇、いわゆる「**普通解雇**（リストラも入る）」の場合には、退職金規定に同様の文言があっても退職金はもらえると思います（前頁図参照）。

「あなたも懲戒解雇だったわけ？　ワンマン社長に逆らっただけでしょ」。

「でも、業務上の指示・命令に従わなかったからクビだと、ハッキリ言われましたから。就業規則の懲戒解雇の理由に、そう書いてあるそうです」。

「たしかに、厚生労働省のモデル就業規則にも、『正当な理由なく、しばしば業務上の指示・命令に従わなかった場合』を、懲戒解雇の理由に挙げてるね。でも、社員が経営方針に反対することは、正当な理由だと思うけど」。

会社が、それだけの理由で、Sさんを懲戒解雇処分にしたとすれば、明らかに**懲戒権の濫用**です。Sさんは、退職金も未払いの給料ももらえます。会社側が請求しても支払いに応じない場合、会社を管轄する**労働基準監督署**や**総合労働相談コーナー**などに相談するか、労働審判を申し立てるといいでしょう。とにかく諦めないことです。

なお、このケースでは、Sさんが希望すれば復職も可能だと思います。

8・仕事中の事故が原因のケガなら退職後でも労災の申請をしよう

元々、今年一杯で会社を辞め、フリーランスとして独立開業する予定でした。ところが、3か月前、会社の車で配達中、交通事故に遭い、私（Tさん・30歳）は治療のため、予定より早く退職したのです。事故の責任は100％相手方にあると、警察も判断したのですが、加害者は無職で、しかも無保険車でした。

相手は治療費も払えないので、私は労災を使いたいのですが、会社は「退職者は労災を使えない」と、申請に非協力的です。

退職したら、労災をもらえないのですか。

社員が、仕事中の事故（業務上の事故という）が原因で病気やケガをする事態を、労働災害（労災）と言います。この場合、会社は社員に対し、その治療費（療養費）を負担しなければなりません（療養補償という。労働基準法75条1項）。会社はこの他、休業補償（休業中は賃金の6割を払う）や障害補償などの負担も義務付けられています（一まとめに災害補償という）。

「えっ！　私、会社から治療費もらえたんですか。今も自腹なんですよ」。

「仕事中の事故だから、その治療費は原則会社が負担すべきなんだ。もっとも、会社が労災保険に加入してれば、治療費は保険で払ってもらえるけどね」。

会社が治療費を払ってくれない場合でも、Tさんのように仕事中の事故で被災した社員は諦める必要はありません。社員のいる会社は、労災保険（労働者災害補償保険という）への加入が原則義務付けられていますから、この労災保険から治療費（療養補償給付という）や休業補償給付を出してもらえます。ただし、労災保険から給付を受けるには、労働基準監督署長による労災認定が必要です（次頁図参照）。

なお、労災保険から治療費が出た場合、会社はその分の治療費の負担を免れます。社員は、会社の災害補償と労災保険による補償の二重取りはできません。

「退職したから、労災は請求できないと言われたんですが」。

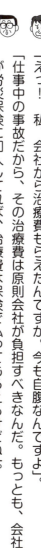

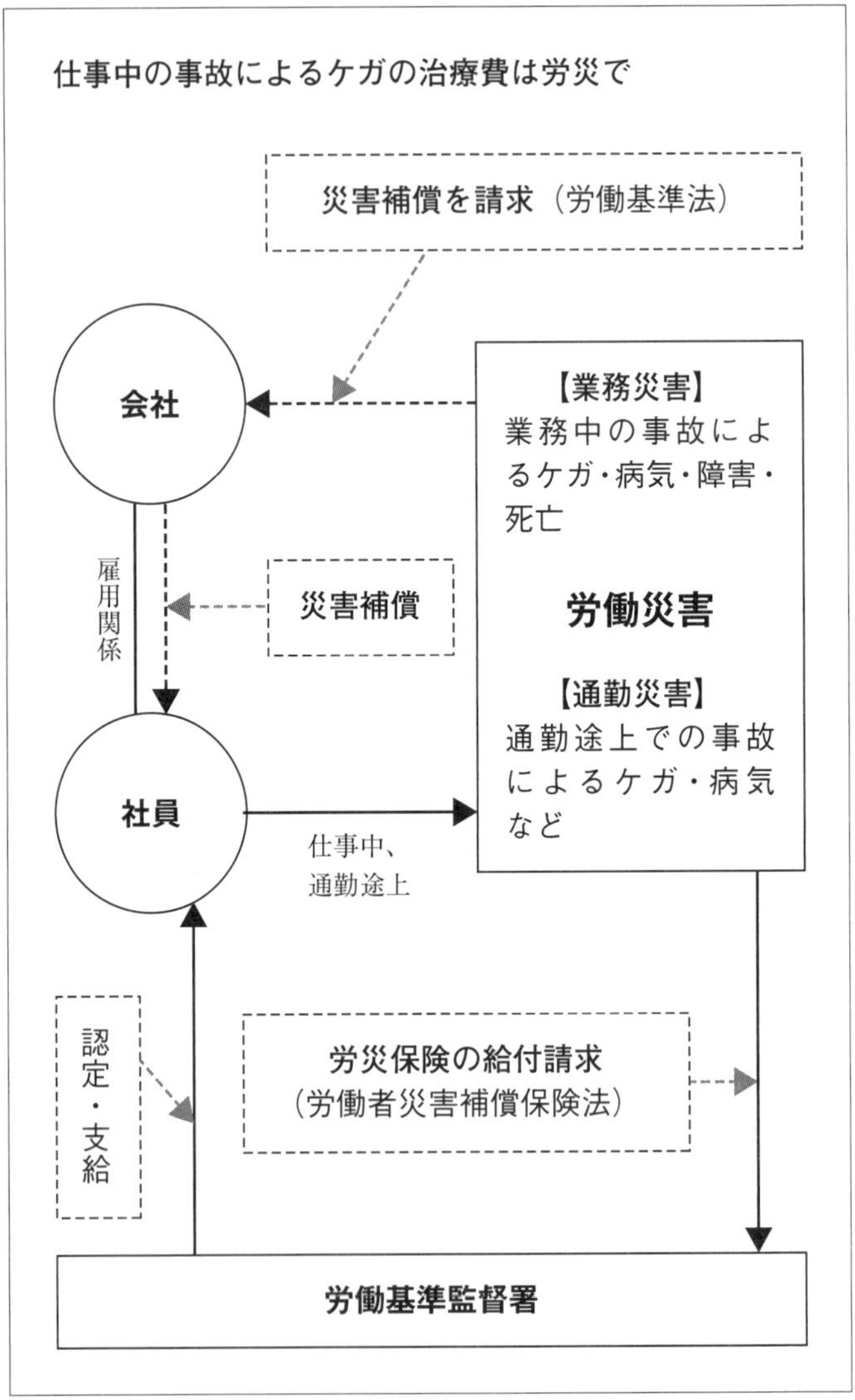
仕事中の事故によるケガの治療費は労災で
災害補償を請求（労働基準法）
会社
【業務災害】
業務中の事故によるケガ・病気・障害・死亡
雇用関係
災害補償
労働災害
【通勤災害】
通勤途上での事故によるケガ・病気など
社員
仕事中、
通勤途上
認定・支給
労災保険の給付請求
（労働者災害補償保険法）
労働基準監督署

「それはウソ。在職中の事故によるケガなら、退職しても労災を受けられるよ」。

「会社を辞めたら労災は受けられない」。そう思っている人は、意外に多いでしょう。これは誤解です。在職中の労災については、会社は社員の退職を理由に、その義務を免れることはできません（労働基準法83条）。労災保険も同じです（労働者災害補償保険法12条の5）。被災した社員は退職後も、その治療費を会社に請求できますし、労災保険から療養補償給付などをもらうこともできます（治療費は2年で時効）。

「どうすれば、労災保険をもらえますか」。

「会社が協力してくれないなら、自分で労働基準監督署に行って、療養補償給付の請求を直接すればいいんだ。少なくとも、相談には乗ってくれるよ」。

Tさんは、会社の所在地を管轄する労働基準監督署に労災保険の申請をすればいいのです。会社が非協力的だからと諦めてはいけません。まずは行動することです。

なお、Tさんは事故後、自分の意思で退職していますが、会社は労災事故を理由に退職を強要することはできません。覚えておいてください。

9・社員著作や社員発明は、退職後にその利益をもらえる場合もある

私（Tさん・前項参照）は仕事中の事故で会社を辞め、今はケガも癒え、個人で事業を始めました。事故が労災認定され、払った治療費のほとんどが労災でもらえたので、経済的に助かっています。ところで、会社にいた当時、ホームページなどに載せるイラストや社員の名刺のデザインは、すべてタダで私が描いていました。会社は今も、そのイラストやデザインを使っていますが、私は著作者として、その使用料を会社に請求できませんか。

社員発明（職務発明という）や社員著作（職務著作という）は誰のものか、とくに大きな利益を生む職務発明については、社員が会社側に相応の対価を要求して裁判を起こすケースもあります（最高裁・平成18年10月17日判決など）。

この職務発明については特許法に詳しい規定があります。たとえば、特許が社員に

帰属する場合でも、会社はその特許権についての通常実施権（独占的にではないが、その特許を使える）を取得できることになっており、また就業規則などで職務発明が会社に帰属する場合（会社が特許権を取得、会社に専用実施権を与えるなど）には、発明した社員には**相当の金銭など経済上の利益**が払われる定めです（法35条）。

「デザインやイラストはタダで描いたって話だけど、就業時間外に描いた？」

「描いたのは、もちろん勤務時間中です。だって、それも仕事だから」。

「なるほど。職務著作だね。だったら、著作権は会社側にある。使用料を要求するのは難しいかな」。

「著作権は、私にあるんじゃないんですか？」

Tさんの描いたイラストやデザインは、**美術の著作物**です（著作権法10条1項4号）。個人として発表したものなら、著作権はTさんにありますから、使用料を会社に請求できます。しかし、会社の仕事として描いた場合、就業規則や労働契約に「著作権はTさんに帰属する」趣旨の取決めがない限り、それらの作品の著作権は辞めた会社にあるのです（**法人著作**となる。法15条）。Tさんは使用料の請求ができません。

10・退職してフリーランスになったら会社員時代に掛けた保険を見直そう

会社を辞め、フリーランスとして独立開業しましたが、業績が伸びず苦しい経営が続いています。といって、これ以上は経費を切り詰めることもできません。このままだと生活費として別に分けておいた蓄えを使うしかありません。何か、いい方法はないですか。

開業当初、思ったように事業が軌道に乗らないことは、よくあることです。ただ、資金繰りが苦しいからと、生活費を流用することは避けなければなりません。経費を再点検すれば、不要なもの、減らせるものなど、見直せるものがまだあるはずです。それがダメなら、借入れなどの方法も考えてみてください（借入れは次項参照）。

「経費の切り詰めなんて、これ以上無理ですよ。生活費だって、ギリギリまで切り詰めているんですから」。

「本当に、そうかな。たとえば、退職後に生命保険の見直しはした?」
「保険って、生命保険のことですか?」
「そう。終身保険、がん保険、個人年金保険とか、いろいろ掛けてない?」。

生命保険には、加入者（被保険者）が亡くなると、その遺族に死亡保険金が払われる**死亡保険**や**定期保険**、一定期間生存していると、死亡保険金の代わりに満期金や給付金が払われる**終身保険**や**養老保険**、**生存給付金付保険**などがあります。最近は、**収入保障保険**や**個人年金保険**など一定年齢に達すると、保険金が「年金」として払われるタイプの保険も人気です。また、病気になった場合にその治療費が保険金で払われる**がん保険**、**医療保険**、**特定疾病保障保険**もあり、これらの商品を組み合わせたものも少なくありません。

生命保険に加入していれば、いざという場合には心強いでしょう。しかし、何口も同じような保険に加入していたり、子どもの独立後も高額な死亡保険金の出る保険を更新しながら払っている人も少なくないのです。これらの保険を見直し、不要な保険は解約し、また死亡保険金を減額した保険に変更するだけでも、月々の出費はかなり減ると思います。

「でも、やめたら今まで払った保険料が無駄になるじゃないですか」。

「資金繰りが苦しいと言いながら、保険料を払い続ける方が無駄だと思うけどな。それに、保険料が払えるなら、これからは家族の生活だけでなく、事業のリスクをカバーできるような生命保険を掛けるべきじゃないかな」。

事業は生き物です。上手くいかないこともあります。また、フリーランスに定年はありませんが、保障もありません。会社員のように、退職金もないのです。

「具体的には、どういう内容の生命保険を選んだらいいですか」。

「たとえば、あなたが倒れて、取引先や銀行から買掛金や借入金の早期返済を求められた場合に対応する事業保障対策、高齢になり事業をやめた場合の退職金対策、そして相続税などの支払いをカバーする事業承継対策がある保険を選ぶといいね」。

法人の経営者や役員向けの商品には、『経営者保険』といって、この事業保障対策、退職金対策、事業承継対策を網羅したものがあります。個人事業主の場合も、考え方は同じです。ただし、法人の場合は、その支払保険料の全部または一部を損金で処理できますが、個人事業の場合は、損金にはできません。もちろん、個人事業主も所得税の確定申告で、払った保険料を生命保険料控除として所得から差し引くことはできますが、その金額は最高12万円までです。

「国民年金基金で個人型確定拠出年金を上限まで掛けて、さらに個人年金保険にも入ってます。でも、年金保険の保険料は最高4万円までしか控除できないんですよ。年金の掛金みたいに全額控除できる個人向けの保険はないんですかね」

「あるよ。生命保険じゃないけど、小規模企業共済がね。掛金は全額控除できる」。

小規模企業共済は、国の期間である独立行政法人中小企業基盤整備機構（中小機構という）の共済制度です。中小企業の経営者や役員、個人事業主や共同経営者を対象にしていて、個人事業主の死亡や廃業した場合、また65歳以上（１８０か月以上掛金を支払った場合）になったときなどに、共済金（解約手当金）をもらえます（次頁表参照）。ようするに、小規模企業の経営者、個人事業主の退職金制度です。

この相談者は「保険貧乏」と言えそうですが、いずれにしろ退職したら、生命保険を見直して、支出を減らすか、より効果的な掛け方に変えるといいでしょう。

個人年金保険と小規模企業共済

【個人年金保険】 生命保険会社などが販売

・年金の支払方法には終身型と確定型がある

・個人年金保険料は所得税の生命保険料控除になる

　旧保険（平成24年以前契約）　最高５万円

　新保険　最高４万円（この保険のみだと５万円）

　生命保険料、介護医療保険料とで最高12万円

【小規模企業共済】 中小機構が運営

・掛金　月1,000円～７万円（500円刻み）

・掛金は全額所得税の小規模企業共済等掛金控除

・個人事業主と共同経営者が加入できる（業種により常時20人以下、または５人の従業員いること条件）

※加入できる共同経営者は個人事業主１人につき２人まで。なお、共同経営者の要件を満たしていない配偶者などの事業専従者は加入できない。

・共済金（解約手当金）は、一括、分割、併用の受取方法がある（分割は共済金300万円以上の場合）

　一括受取りは退職所得、分割受取りは公的年金の雑所得としての税額控除が受けられる

・加入者は緊急時などに、掛金の７割～９割の範囲内で借入れができる（221頁以下参照）

11・フリーランスになったら、必要な事業資金は低利で返済期間の長い借入金を上手に利用しよう

会社を辞めフリーランスとして独立開業しましたが、業績が伸びずに苦しい経営が続いています。といって、生活費を注ぎ込むことだけは避けたいです。創業時に借りやすい融資制度はありませんか。

フリーランスとして独立開業する場合、一般的に、事業としての信用力や資金力はどうしても低く見られがちです。当然、銀行など金融機関のプロパー融資はあまり期待できません。申し込む融資額にもよりますが、たとえ担保があっても、審査はかなり厳しいのが現実です。個人事業の場合、プロパー融資にこだわらず、その金融機関を窓口にして、制度融資を利用するのがいいと思います。

「制度融資って何ですか?」

「一般的には、都道府県や市区町村、信用保証協会、金融機関の三者が連携して行う

貸付けで、『信用保証協会の保証付き融資』と言われてるものだね」。

制度融資は、個人事業など小規模企業や中小企業の支援とその保護育成が目的ですから、通常の融資では必要な物的担保や保証人、また事業主の資産状況や事業の経営状態などの審査は、金融機関のプロパー貸しと比べ、はるかに緩やかです。しかも、低金利で、自治体によっては利子補給もしています。

「どこで申し込めばいいですか」。

「取引のある金融機関の窓口で申請すれば一番面倒ないかな」。

「他には、個人で事業資金を借りられる便利な融資ってないですか」。

「日本政策金融公庫の融資、新創業融資制度があるよ」。

退職して、個人で新規事業を始める場合、その事業資金をどう調達するかは大きな問題です。自己資金や親族などからの出資があっても、その後の資金繰りをスムースに行うには、やはり低利で、返済期間の長い融資を受けられるかどうかにかかってきます（**新創業融資制度**など各種の融資制度や助成金制度は次頁以下参照）。

個人事業主のための融資制度・助成金

小規模企業や個人事業を支援する融資制度には、公庫や独立行政法人によるもの、地方自治体が信用協会や金融機関と連携するものがあり、企業規模など一定の要件をクリアーできれば比較的容易に借りられます。
ここでは、日本政策金融公庫などの融資制度を紹介しますが、中小機構の融資は原則小規模企業共済に加入、一定の掛金を払っている事業主が対象です。

【日本政策金融公庫の融資制度】

・**新創業融資制度**（新たに事業を始めるか、事業開始後税務申告２期目を終えていない人が対象）
　融資限度額3,000万円（うち運転資金1,500万円）
　返済期間：各種融資制度の返済期間以内
　融資条件：創業資金の１割以上の自己資金必要原則、無担保、無保証

・**普通貸付**（事業主全般が対象）
　融資限度額4,800万円
　返済期間：設備資金10年以内（据置き２年以内）
　　　　　　運転資金７年以内（据置き１年以内）

・**新企業育成貸付**（新規に事業を始める人や事業開始後７年以内の人を対象とした**新規開業資金**、経営多角化や事業転換を図るなど第二の創業を対象とした**新事業活動促進資金などがある**）

融資限度額7,200万円（うち運転資金4,800万円）

返済期間：設備資金20年以内（据置き２年以内）

運転資金７年以内（据置き２年以内）

・**セーフティネット貸付**（業況悪化への**経営環境変化対応資金、取引企業倒産対応資金**などがある）

融資限度額4,800万円（取引企業倒産対応資金は別枠で3,000万円。運転資金としてのみ）

返済期間：設備資金15年以内（据置き３年以内）

運転資金８年以内（据置き３年以内）

・**企業活力強化貸付**（創業者の引退などに伴い事業を承継する人を対象とした**事業承継支援資金**など）

融資限度額7,200万円（うち運転資金4,800万円）

返済期間：設備資金20年以内（据置き２年以内）

運転資金７年以内（据置き２年以内）

※融資相談は、日本政策金融公庫の他、商工会議所や都道府県の生活衛生営業指導センターでもできます（最近２期分の申告決算書、創業計画書など必要）。

【中小企業基盤整備機構（中小機構）の融資制度】

機構の他、商工中金の本支店で申込みができます。

・**創業転業時・新規事業展開等貸付け**（共済契約者の事業多角化や後継者の新規開業などが対象）

借入限度額　50万円以上1,000万円以内（５万円単位。共済掛金の７～９割まで）

借入期間（500万円以下36か月、それ以上60か月）

申込受付　新規事業開始予定日前６か月から

・**緊急経営安定貸付**（経済環境の変化などで売上げが減少し、資金繰りが困難になった場合が対象）

借入限度額　50万円以上1,000万円以内（５万円単位。共済掛金の７～９割まで）

借入期間（500万円以下36か月、それ以上60か月）

申込受付　売上高減少の最近３か月または６か月間と算定された最終月から３か月以内

・**一般貸付制度**（事業資金が対象）

借入限度額　10万円以上2,000万円以内（５万円単位。共済掛金の７～９割まで）

借入期間（借入れ金額により６か月～60か月）

※この他、取引先倒産による連鎖倒産防止の借入れができる**経営セーフティー共済**などもあります。

【全国信用保証協会の保証付融資】

小規模事業主や個人事業主などの資金繰りをスムースに進めるため、地方自治体（都道府県、市区町村）と信用保証協会、金融機関が連携した制度融資です。

責任共済制度の施行で、金融機関も20％の保証責任を負いますが、小規模事業主や個人事業主の融資は原則100％協会の保証です。なお、利子補給のある自治体もあり、事業主の負担はより軽減されます。

小口零細企業保証制度（金融環境の変化の影響を受けやすい従業員20人以下の事業主が対象）、**流動資産担保融資保証制度**（売掛債権や棚卸資産担保の借入れ）、**借換保証制度**（融資の一本化のための融資対象）など。

【個人事業主が利用できる助成金】

厚生労働省関係では、**人材開発支援助成金**（専門的な知識技能の習得など社員のスキル向上の訓練を助成）、**地域雇用開発助成金**（雇用機会少ない地域の設備投資や社員採用に助成）、**中小企業退職者共済新規加入掛金助成金**（共済制度新規加入に掛金の一部助成）など。

※この他、各都道府県の中小企業向け制度融資なども利用できます。また、インターネットで広く出資を募集するクラウドファンテイングも利用可能です。

第5章

独立開業のトラブルは上手に対処しよう

独立開業で起きやすいトラブルと解決法

1・退職後に必要な手続きを会社は辞める社員に教えない

会社を辞めてフリーランスになると、税金や年金、健康保険の支払いや手続きを、すべて自分でしなければならなくなると、各章で説明してきました。たとえば、国民健康保険は住所のある市区町村で加入手続きを終えないと、病気やケガの治療に保険診療を受けられません。国民年金も同じで、市区町村への加入手続きを忘れると、将来、年金をもらえないおそれがあります。また、失業保険もハローワークで「求職の申込み」をしないと、基本手当などの失業給付をもらえません。

しかし、退職したら、これらの手続きをしなければならないこと、具体的な手続きや必要書類について、会社が退職社員に詳しく教えないことも珍しくないようです。

「会社が教えてくれない場合、どうすればいいですか」。

「結局は、自分で調べるしかないね。その上で、退職日までに必要な書類を用意するよう、会社に強く頼んでおくことだ」。

本書のような「フリーランス一年生」向けに、退職前後に必要な手続きなどを紹介した実用書が数多く出ていますし、ネット上にも同様の内容の投稿が溢れています。退職を決めたら、これらで必要な手続きをチェックしておくといいでしょう。

「どの手続きからした方がいいとか、手続きの順番がありますか」。

「国民健康保険の加入手続きを最初にすべきだね。保険証があれば、病気やケガをしても安心だ。国民年金も市区町村が窓口だし、会社でもらう退職証明書など添付書類も同じだから、国民健康保険と一緒に手続きすると後々面倒ないよ」。

税金の手続きは開業後で十分です。なお、失業保険は自己都合退職の場合、ハローワークで「求職の申込み」をしてから基本手当がもらえるまで、約4か月かかります。手続きは早い方がいいのですが、手続きに必要な離職票は退職日にもらえるとは限りません。というのは、離職票は社員の退職後、会社を所轄するハローワークに送られ、そこでの確認が済んだ後、会社経由で退職した社員の元に届く流れだからです。

いずれにしろ退職が決まったら、退職後の手続きに必要な書類などを退職日当日にもらえるよう、事前に会社に頼んでおくといいでしょう。

2・会社や上司とはケンカ別れするより円満退社を装う方が上手くいく

フリーランスとして起業する社員の中には、最初から独立開業のための資金や人脈作り、ノウハウの修得が目的で入社する人もいます。この人たちにとっては、会社を辞めることは次のステップに進むための「卒業」にすぎません。上司との人間関係や会社での待遇がどうであれ、退職する時はほとんどの場合、円満退社でしょう。

しかし、中にはリストラやパワハラで、やむなく退職する人もいます。また、同族企業で出世コースを外れ、その処遇が不満で退職して事業を始める人もいるのです。

「今度、起業するんですが、さっき辞表出してきました。能力もないのに社長の親族ってだけで威張り腐ってた上司に、辞表叩きつけてやりましたよ」。

「気分はスッキリかもしれないけど、退職日はまだ先だよね。その無能上司が、退職の承認遅らせたり、退職日に必要な書類をくれないってことはないのかな」。

「……！」

会社への不満を抱えている人の中には、この相談者のように退職を決めると、これまでガマンし続けていた会社や上司への感情を爆発させてしまう人がいます。ただ、これは得策ではありません。退職前であれば、会社が退職を認めてくれなかったり、認めても退職後の手続きに必要な書類を退職日に渡さないといった嫌がらせをされるおそれもあるからです。また、退職金や最後の給料をなかなか払ってもらえないなどというトラブルが起きないとも限りません。その結果、独立開業が遅れるようなことにでもなれば、結局は退職者自身が迷惑を被るのです。

どんなに嫌な上司でも、不平不満だらけの会社でも、退職を決めた以上、自分からケンカ別れになるような状況を起こしてはいけません。辞めるなら円満退社がいいというのは、その方が退職前後に必要な事務手続きがスムーズにいくからです。

「じゃあ、私は文句の一つも言えないんですか！」

「そうは言ってない。少なくとも、退職するまではガマンしろということだ」。

もちろん、退職したら何を言ってもいいということではありません。上司の悪口や会社への不平不満をネット上に投稿するような行為は、慎むべきです。元上司や退職した会社が投稿に気づけば、それ以上の誹謗中傷の書込みをされるおそれもあります。また、たとえ事実であっても、会社への批判投稿は、退職者に同情的だった元職場の同僚や取引先を、かえって敵に回すようなことにもなりかねません。

退職後に起業を考えている場合、本心がどうであれ円満退社を印象付けるべきです。周囲に悪い印象を与えては事業の成功は覚束ないでしょう。

「でも、上司の嫌がらせは許せません。独立開業を知って、私の取引先やネット上に、私を誹謗中傷する噂を流したんですよ」。

「証拠はあるの。事実なら書込みの削除や謝罪、損害賠償を請求できるけど、その上司の仕業だって確実な証拠がある?」

「あります。取引先から上司に言われたと聞いて、上司に直接メールで抗議したら、『お前の事業なんか潰してやる』と、返信がありましたから。保存してあります」。

この相談者のように、会社や上司とのやり取りは録音したり、メールなら保存して残しておくといいでしょう。後からトラブルが起きたり、最悪裁判沙汰になっても、録音やメールがあると、「こちらの言い分が正しい」という証拠になります。

3・会社が退職を認めてくれないときは どうしたらいいか

退職願を出しても、「後任が見つからない」などの理由で、会社を辞めさせてもらえないという話は時々耳にします。しかし、法律的には、会社は退職を申し出た**（労働契約解除の意思表示をした）**社員を、いつまでも引き留めることはできません。

「辞表を出してから、もう半年です。でも、後任が見つからないと辞めさせてくれません。起業するつもりなのに、ビジネスチャンスを逃しちゃいますよ」。

「会社の就業規則では、いつまでに退職願出せばいいことになってる」。

「退職希望日の2週間前までです。私、ちゃんと期限までに出しました」。

この会社の対応は、明らかに労働契約（雇用契約という）や法律に反しています。そもそも後任の社員が確保できないという事情は、退職を認めない理由にはなりません。そもそも、会社は社員の意思に反して、働くことを強制できないのです（労働基準法5条、憲法18条）。また、雇用期間の定めがない場合は、社員が退職届を提出後14日が経過すれば、法律上は退職（**労働契約の終了**）が成立します（民法627条1項。会社の就業規則で2週間を超える期間を設けることは可能。ただ、せいぜい3か月まで）。

ところで、これまで退職時期などで会社と相違がある場合、よく話し合うようにと説明してきました（1章6項、7項参照）。円満退社がベストで、会社とケンカ別れになるような退職は避けるべきです（前項参照）。その考え方は間違っていません。

しかし、相談者のケースは、すでに話合いで解決できる時期を過ぎています。

「じゃあ、私はどうしたらいいんですか」。

「労働基準監督署に申し立てること。総合労働相談コーナーで相談するのもいい。辞表を出したこと、会社に半年以上退職を引き延ばされてることなどを、メールや録音などの証拠がなければ、事実関係をメモ書きにして持っていけばいいんだ」。

総合労働相談コーナーでは、あらゆる労働問題の相談に乗ってもらえます。相談料無料です。都道府県の労働局や労働基準監督署の庁舎内だけでなく、主要駅近くにも事務所がありますので、労働基準監督署よりは入りやすいのではないでしょうか。

「労基署や総合労働コーナーに行けば、会社は辞めさせてくれますかね」。

「うーん！　会社に退職を認めるよう話してくれたり、あるいはよく話し合うように伝えるとは思うけど、100％確実とは言えないかも」

「こ、困ります！　そうだ！　他には手はないんですか」。

「あるよ。弁護士を頼めば、確実だね。ただし、有料」。

労働基準監督署は、会社に対し、指導や勧告、命令を出す権限があります。ただ、社員の被害が相当深刻で、会社の対応のあくどさ（一般の認識や常識とは異なる）が顕著だと認定できない限り、指導や勧告まではなかなか踏み切りません。このケースでは、会社に社員の退職意思を伝える程度で、そこまでの処分はしないでしょう。

どうしてもビジネスチャンスを逃したくないというのなら、弁護士に依頼するのがベストです。弁護士は、ときとして裁判や開業遅れによる損害賠償などをチラつかせながら交渉することもあります。また、内容証明などを送り付けることもあるので、会社側へのブラフになり、その効果は大きいでしょう。弁護士費用で二の足を踏む人もいますが、個人事業をするのですから、開業後の法律トラブルも相談できる弁護士ができたと考えれば、そのメリットは費用以上のものがあると思います。

4・一定期間「競業禁止」のルールがあると競業職種での独立開業はできないか

「従業員は退職後二年間、当社と競合する他社に就職し、競合する事業を営むことを禁止する」という競業禁止規定を就業規則に置いていたり、入社時に同趣旨の誓約書の提出を求める会社があります。社員はこれにより、退職した後も、競業忌避義務を負わされるのです。しかし、この規定が拡大解釈されることも少なくありません。

「辞めた会社にも同じ規定がありました。退職後、これまでの仕事のスキルを活かして個人で開業するつもりですが、同じ事業は一切できないんですか」。

「そんなことないよ。その事業が、辞めた会社の営業秘密や特許などを無断使用するものでなければ、たとえ禁止規定があっても忌避義務違反にはならないね」。

一般的に、社員が職務上知り得た情報を漏えいすることは許されません。違反した社員は就業規則の服務規程違反になるだけでなく、役員人事や他社との提携、新商品情報や特許機密などに関することなら、会社から刑事告訴されることもあり、会社に損害が出た場合には損害賠償を請求されることもあるのです。これは退職後も同じで、職務上知り得た情報を他者に漏らさない義務を負っています。

会社と社員とは、互いに信義に従い、誠実に労働契約を遵守することになっているのですから、このことは当然と言えば当然です（信義則の原則。労働契約法3条4項）。

ただ、会社が競業禁止規定を設けることは違法ではありませんが、公序良俗に反する内容、たとえば、「退職後10年間競業事業をしない」などという規定は、社員の**職業選択の自由**を著しく制限し、不当です。妥当な禁止期間は、通常2年まででしょう。

また、「競業」の範囲ですが、特許情報や新商品情報など研究機密や**営業秘密**に抵触する事業や職種は、競業として禁止できるでしょう。ただ、その範囲を一般的な事業や職種にまで広げる拡大解釈までは許されません。たとえば、宅配業者のドライバーが独立して個人で宅配業を始めることを禁じたり、旅行会社や貿易商社の社員が旅行代理店や輸入代理店を一定期間開業できないような規定は、無効です。

独立開業する事業が、競業禁止規定に違反するかどうか、就業規則を見ただけでは判断しづらい場合も多いので、退職前に会社側とよく話し合うことをお勧めします。会社が開業を了解したら、覚書などを交わしておくといいでしょう（次項参照）。

5・独立にあたっては、会社との間で申合せ事項を文書で結んでおこう

退職後、前項の競業忌避義務をめぐるトラブル以外にも、会社との間でトラブルが生じることは珍しいことではありません。たとえば、退職金や残業代の支払い、貸与品の返還、仕事上のミスによる損害の賠償トラブルなどです。

「退職した会社に、未払いの残業代払えって請求したら、貸与した制服や携帯電話が返還されてないから相殺だって言われて。私、ちゃんと返してますよ」。

「貸与品返品リストを作って退職時に返品の有無をチェックし、退職者にサインさせる会社もあるみたいだけど、どうだった?」

「そんなの、なかったです。源泉徴収票とか離職証明書と引き換えに、上司に制服や社員証、携帯電話とかを一まとめにして渡しただけで……」。

退職者が1章4項で説明した『退職する場合のチェックリスト』を作っていれば、

返却したと主張もできますが、この状況では水掛け論でしょう。ただ、仮に会社側の言い分が正しいとしても、未払いの残業代と貸与品を相殺することは、**賃金全額払いの原則**（労働基準法24条）に反し、違法です。

「でも、貸与品の返却だからまだよかったけど、これが独立開業に関わるトラブルだったら大問題でした。元の会社とトラブル起こさない方法ってありますか」。

「事前に、退職後は独立開業することを会社に伝え、トラブルになりそうな事項を話合いで解決し、その内容を申合せ事項として文書にしておけばいいよ」。

「具体的には、どんなことを申し合せればいいですか」。

「会社は、退職者の独立開業を認め、事業の妨害をしないこと。互いに誹謗中傷はしないこと。それに、債権債務がないことを、覚書にしておけばいいと思うよ」。

退職後、フリーランスとして独立開業する人にとって、辞めた会社とのトラブルやその関係者などからネット上に書き込まれる誹謗中傷は、その後の事業展開に大きなダメージを与える恐れがあります。会社に独立開業を承認させ、付随する申合せ事項とともに文書にしておくと、退職した会社とのトラブルは当面防げます。

6・在職中の仕事のミスによる損害は会社から請求されても払う必要はない

社員は退職により、会社との労働契約は終了します。それ以後は、仕事のやり直しや引継ぎを理由に、会社から出社を命じられたり、労働力の提供を要求されることはありません。会社や上司から、そのような要求があっても、無視すればいいのです。

ただし、会社との債権債務関係が残ることはあります。たとえば、会社による給料や退職金の未払い、社員の貸与品未返却などです。社員は会社に未払い賃金の支払いを要求できますが、その一方で、会社に貸与品を返却しなければなりません。

では、在職当時の仕事上（業務上という）のミスで会社に損害を与えた場合、社員は会社から請求されたら、賠償責任に応じなければいけないのでしょうか。

「私が在職中にした仕事でミスがあり、会社に損害を与えたことがわかったと、連絡がありました。会社は私に、その損害を賠償しろと言うんですが」。

「ミスって、どんなミス？　重大なミス？」

「いえ、単純ミスです。第一、上司や他の社員もチェックしてるんですよ。私だけに責任があるように指摘されるのは心外です！」

「なるほど。だったら、賠償義務はないんじゃないかな」。

結論からいうと、社員の仕事上のミスで会社が損害を被った場合、ミスをした社員に、会社がその損害の賠償を請求できるケースは限定的です。具体的には、そのミスが社員の故意による場合か、あるいは重大な過失による場合に限られます。しかも、その損害額すべてを請求できる場合は稀です。たとえば、社員がミスに至った原因が過重労働によるものであれば、会社の健康安全配慮義務違反が大きく、社員に賠償責任があっても、その賠償額はかなりの割合で減額されます。

相談者の場合、原因は単純ミスによるものですから、会社は社員に賠償請求をできません。社員は請求を受けても賠償に応じる必要はないのです。会社がしつこく賠償を要求してくるようなら、市区町村などの無料法律相談で相談してください。

なお、悪質な会社（雇用主）の中には社員に対し、「社員のミスにより被った会社の損害は、社員が全額弁償する」などという念書を社員に書かせたりしますが、これは無効です。念書を楯に賠償を要求されたら、市民法律相談に駆け込んでください。

7・退職をめぐり会社とトラブルになったら労基署や市民法律相談に駆け込もう

退職して個人で起業する人は、それまで会社がしてくれた税金、健康保険、年金の支払いや手続きを、すべて自分ですることになります。また、顧客や仕入先など取引先や金融機関などとの交渉も同様です。相手とトラブルになっても、自分で解決するか、弁護士など専門家を頼むかしかありません。

そんな退職者にとって、最初にトラブルの相手方として立ちはだかるのが、元の会社でしょう。フリーランスとして、独立開業を果たした人の中にも、たとえば、「会社が退職を認めてくれなかった」「規定の退職金が払われない」「独立開業を妨害された」など、辞表を出した途端、嫌がらせを受けたり、トラブルに巻き込まれた経験のあるという人がいるのではないでしょうか。

① 「私は1年間、退職を引き延ばされました」。

② 「私なんて、退職金を今も払ってもらえませんよ」。

「で、お二人はどうしました？」

①「最終的には、労基署に駆け込みました。辞めさせてもらえないと。残業代の未払いもあって、労基署から問合せがいくと、会社側が折れました」。

②「会社に何度掛け合っても、『金がない』の一言。市民法律相談で応対してくれた弁護士に、会社との交渉をお願いしようと思ってます」。

　退職をめぐり会社とトラブルになった場合、個人で直接交渉しても正直、会社から有利な解決・回答を引き出すのは難しいと思います。困ったら、この二人の相談者のように、1日でも早く専門家のいる相談先に行くことです。

　たとえば、労働基準監督署や総合労働相談コーナーは、労働行政のプロですから、相談内容によっては直接会社に問合せをしたり、悪質な場合は指導や監督もしてくれます。また、市区町村の市民法律相談も、お勧めです。弁護士や社会保険労務士など法律の専門家が常駐しているとは限りませんが、生活に密着した市役所の庁舎などが会場なので入りやすく相談をしやすい所です。

「困ったら一人で悩まず、労基署や市民法律相談などに駆け込むことだね」。

【著者紹介】

飯野　たから（いいの　たから）

山梨県生まれ。1975年慶應義塾大学法学部卒業。

銀行、出版社を経て、フリーライター。

著書に、『著作権のことならこの１冊』『戸籍のことならこの１冊』（以上、共著）、『有利に解決！ 離婚調停』『有利に解決！ 相続調停』『撮ってはいけない』（以上、自由国民社）などがある。

【監修者紹介】
上前　剛（うえまえ　つよし）
税理士・社会保険労務士。1995年早稲田大学人間科学部卒業。
2003年社会保険労務士登録。2010年税理士登録。税理士業務全般、社労士業務全般を取り扱う。労務、税務系雑誌の執筆多数。

フリーランス１年目の教科書

2019年２月１日　初版第１刷発行

監　修　上　前　剛
著　者　飯　野　たから
発行者　伊　藤　滋
印刷所　横山印刷株式会社
製本所　新風製本株式会社
ＤＴＰ制作　有限会社中央制作社
カバーデザイン　㈱デジカル

発行所　株式会社　自由国民社
東京都豊島区高田３－10－11
郵便番号〔171-0033〕　振替 00100-6-189009
TEL.〔営業〕03(6233)0781〔編集〕03(6233)0786
http://www.jiyu.co.jp/

©2019
・落丁本・乱丁本はお取替えいたします。
・本書の全部または一部の無断複製（コピー、スキャン、デジタル化等）・転訳載・引用を、著作権法上での例外を除き、禁じます。ウェブページ、ブログ等の電子メディアにおける無断転載等も同様です。これらの許諾については事前に小社までお問合せ下さい。
・また、本書を代行業者等の第三者に依頼してスキャンやデジタル化することは、たとえ個人や家庭内での利用であっても一切認められませんのでご注意下さい。